Herbert Fußballgott
Weltpolitik für den Fußballfan

Herbert Fußballgott

Weltpolitik für den Fußballfan

mit Grafiken des Autors

ISBN-Nr. 978-3941758-44-5
1. Auflage 2010
Verlag DeBehr Radeberg
Titel: Daniela Behr/***fotolia by frenta und petrosG***

Inhalt

Prolog

Dies ist die Geschichte über die Fantasiewelt eines weltpolisch interessierten Fußballfans, dessen große Leidenschaften der Fußball und die Weltpolitik sind. Überzeugt davon, dass sich durch das Vokabular des Fußballs die ganze Welt erklären und interpretieren lässt, fusionieren der Fußball und die Weltpolitik in seinem Kopf.
Politische Mächte wandeln sich in seiner Vorstellung zu Fußballmannschaften. Entscheidungspersonen und wichtige Akteure der politischen Prozesse übernehmen verschiedene Positionen in der Fußballmannschaft. Ein zielgenauer Pass und die Verarbeitung des Balles sind nur möglich, wenn gleichzeitig ein politischer Pakt entsteht. Ein Angriff oder sogar ein Tor können nur erzielt werden, wenn man dem Gegner eine politische Niederlage zufügt.
Im Kopf des Fußballfans entsteht eine Sagenwelt. Er fühlt sich als Fußballmoderator der Weltpolitik. Mit Kapilarika, Eurasien, Fundia, Asia und Tribalia entdeckt er fünf Fußballmannschaften der Weltpolitik. In seinem Kopf konkurrieren die fünf Mannschaften um die Fußballweltmeisterschaft und damit um die Weltmacht. Die Weltkugel wandelt sich zu einem globalen Fußballfeld. Aber hören Sie selbst:

> „Herzlich willkommen beim heutigen Endspiel um die Weltmeisterschaft in der australischen Stadt Sydney! Hier im Stadion befinden sich 75000 Zuschauer, daheim an den Fernsehern werden 4,5 Milliarden erwartet. Es handelt sich um das entscheidende Spiel in der diesjährigen Weltmeisterschaftsrunde.
> Der Sieger wird zum Weltmeister gekrönt, die Verlierer bekommen erst im nächsten Jahr eine neue Chance. Es treten fünf Mannschaften an, die in einem neuen Spielmodus um Punkte und damit um den Sieg kämpfen. Am Spielbeginn stehen die Spieler von Kapilarika und Eurasien auf dem Platz. Nun zu den Aufstellungen ...“

Unser Fußballfan vergleicht schlicht das Geschehen der Weltpolitik mit einem Fußballspiel. Mannschaften und Spieler versuchen, sich bestmöglich in Position zu bringen und ihrem Gegner keine Chance zu lassen. In der politischen Realität argumentieren Vertreter des politischen Realismus

genauso. Für sie kommt es ausschließlich auf den Vorteil für ihr Land an. Rücksichtnahme auf schwächere Akteure wird also ausgeschlossen. Ähnlich starke Gegner versuchen, sie durch geschicktes Taktieren in die Defensive zu drängen.
Eine Fußballmannschaft handelt entsprechend. Ein schwacher Gegner wird an die Wand gespielt und es werden möglichst viele Tore erzielt. Gegen ähnlich starke Gegner gewinnt dagegen oft diejenige Mannschaft, die sich besser auf den Gegner eingestellt und die bessere Taktik gewählt hat.
Beim Fußball kommt es oft auf einzelne Spielerpersönlichkeiten an, die Spiele alleine entscheiden können. Auch in der politischen Realität ist die Persönlichkeit einzelner Akteure oft entscheidend: Trotz gleicher Partei sind eine Hilary Clinton und ein Barack Obama als amerikanischer Präsident in ihren politischen Handlungsweisen grundverschieden.
Im Fußball ist entscheidend, welcher Spieler auf welcher Position eingesetzt wird. Ein Stürmer ist ein Stürmer und ein Torwart ein Torwart. Stellt man den Stürmer ins Tor, dann wird dieser kaum die Leistung erbringen, die ein jahrelang professionell aktiver Torwart erbringen könnte.
In der Weltpolitik ist dies ebenso: Ein Notenbankchef muss andere Qualitäten besitzen als ein Polizist oder gar ein Staatspräsident. Nur in seiner erlernten und beherrschten Position, auf die sein Charakter passt, kann sich jemand effektiv in das Gesellschaftssystem einbringen. In der Verteidigung und im Angriff benötigen erfolgreiche Fußballspieler verschiedene Fertigkeiten. Genauso sind politische Akteure der Innenpolitik anders qualifiziert als Akteure der Außen- oder Finanzpolitik.

Nun ist es natürlich so, dass nicht jede Mannschaft auf jeder Position optimal besetzt sein kann. Nicht jedes Team besitzt den Weltklassestürmer oder den unbezwingbaren Torwart. Bei den weltpolitischen Fußballmannschaften, die sich unser begeisterter Fußballfan ausgedacht hat, ist es nicht anders. Jedes Team hat seine Stärken und jedes Team hat seine Schwächen.

Hören Sie den Originalton:

> „Zur Mannschaftsaufstellung von Eurasien: Im Tor der Eurasier steht das 17-jährige Grundgesetz, es ist die letzte Instanz des eurasischen

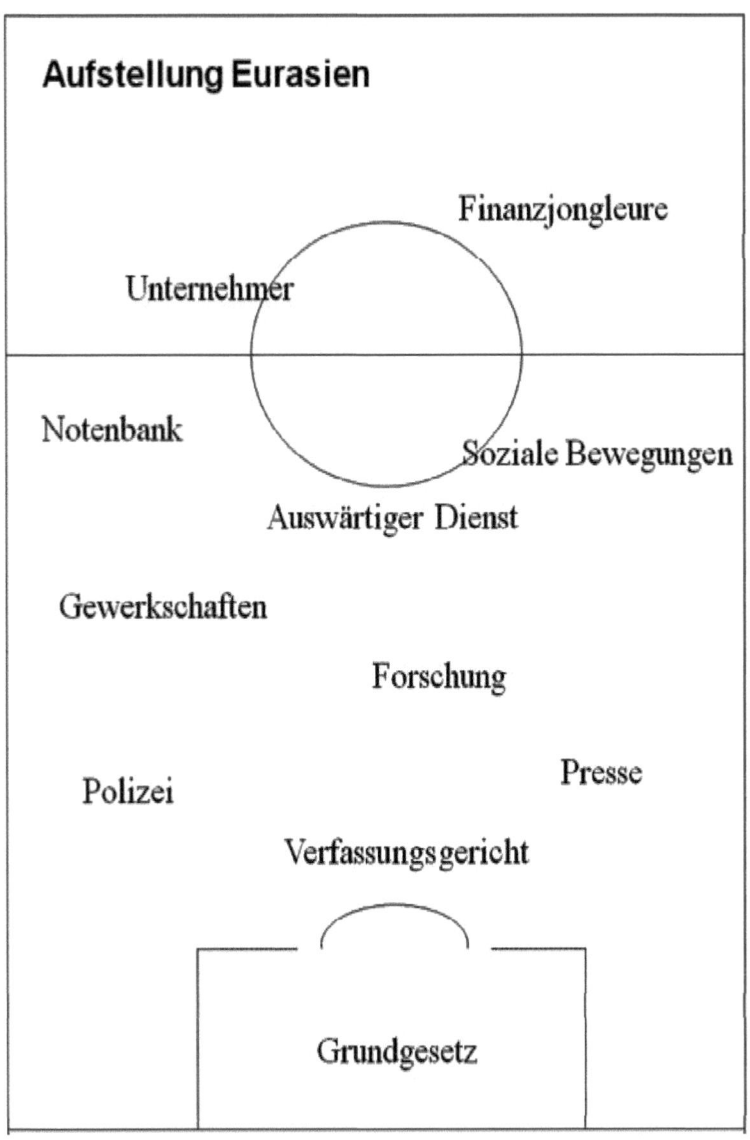
Aufstellung Eurasien
Finanzjongleure
Unternehmer
Notenbank
Soziale Bewegungen
Auswärtiger Dienst
Gewerkschaften
Forschung
Polizei
Presse
Verfassungsgericht
Grundgesetz

Spielsystems. Die gegnerischen Stürmer müssen das Grundgesetz austricksen, um erfolgreich zu sein.
Die Liberoposition besetzt das Verfassungsgericht. Es bildet eine Vorinstanz. Eine Entscheidung des Verfassungsgerichts kann das Grundgesetz verändern. Somit bündelt es eine große Verantwortung in seiner Person. Auch nach vorne werden vom Verfassungsgericht Initiativen erwartet. Gut könnte die Zusammenarbeit insbesondere mit der im zentralen Mittelfeld agierenden Forschung sein, z. B. durch neue Gesetzesgrundlagen für neue Forschungszweige.
In der Abwehr unterstützt wird das Verfassungsgericht durch die Manndecker Presse und Polizei. Das Verfassungsgericht unterstützt seine Manndecker einerseits durch den Schutz der Pressefreiheit und andererseits durch eine aktive Gesetzgebung für eine effektivere Polizeiarbeit. An den Kooperationsproblemen über den Umgang mit Randgruppen der eurasischen Gesellschaft erkennt man jedoch, dass auch Abspielfehler möglich sind. Trotzdem ist die Polizei für ihren flinken Einsatz und für ihre ständige Präsenz bekannt. Im Mittelfeld ist sie dribbelstark, doch wirkt sie im gegnerischen Sechzehner oft hilflos. Man erinnere sich nur an das letzte Spiel, als sie sich im gegnerischen Strafraum selbst ein Bein stellte. Aber in der Abwehr ist und bleibt sie ein wichtiger Garant für den Sieg und der Trainer greift zu Recht auf das in der Presse oft titulierte „Kampfschwein" zurück.
Die Presse soll die zweite gegnerische Spitze zudecken. Im letzten Spiel richtete sie die Dschihadstürmer der Fundias so sehr zu, dass diese in der 60. Minute ausgewechselt werden mussten. Durch ihre starken Flankenläufe erwartet man allerdings auch Impulse nach vorne.
Im zentralen defensiven Bereich ist die Forschung aufgestellt. In den letzten 400 Jahren war sie Garant für den konstanten Erfolg der Eurasier. Ihre Steilpässe verhalfen den Unternehmern zu vielen gefährlichen Tormöglichkeiten. Immerhin zehn der letzten 17 Treffer der Unternehmer wurden direkt von der Forschung vorbereitet. Damit stehen die eurasischen Unternehmer in der Torschützenliste knapp hinter der kapilarischen Army. Sowohl Forschung als auch Unternehmer haben in den vergangenen Wochen leichte Unaufmerksamkeiten gezeigt, Un-

aufmerksamkeiten, die sie sich heute nicht erlauben können. Von ihren Tagesformen wird viel abhängen.
Im zentralen offensiven Bereich spielt der Auswärtige Dienst. Gestärkt ging es aus den letzten Verhandlungen vor dem Sportgericht wegen eines rüden Faulens an den gegnerischen Stürmer hervor. In Anbetracht dieses gerichtlichen Erfolges ist heute mit einer engagierten Partie zu rechnen. Hoffen wir das Beste.
Den linken Flügel sollen die Gewerkschaften zusammen mit der Notenbank übernehmen. Zwar wirkten die Gewerkschaften in den letzten Wochen ein wenig abspielschwach und in der Offensive desorientiert. Doch zwischen den Sechzehnern sind sie als Motor unersetzlich. Sie halten dem Auswärtigen Dienst den Rücken frei und glänzen durch ihre unermüdliche Zuarbeit für die Sozialen Bewegungen, Notenbank, Unternehmer und Finanzjongleure. Mit dem Libero müsste das Zusammenspiel auch gut klappen, schließlich pochen beide auf die Gesetze. Der Trainer hofft auf gute Deckungsarbeit gegen die kapilarische Massenindustrie.
Von der Notenbank wird eine ständig starke Währung erwartet. Durch geschickte Zinsspiele kann die Notenbank Angriffe einfädeln und sich den gegnerischen Offensivspielern entgegenstellen. Manchmal ist die Notenbank ein wenig lauffaul und immer wieder muss sie von den Mitspielern an mehr Aufmerksamkeit erinnert werden. Doch einmal am Ball, ist keine Abwehrreihe vor ihren Pässen sicher.
Auf der rechten Seite spielen die Sozialen Bewegungen. Von ihnen werden scharfe Flanken erwartet. An guten Tagen schlagen die Sozialen Bewegungen Dutzende von diesen auf die beiden Stürmer Finanzjongleure und Unternehmer. Ansonsten verlässt man sich auf ihr blindes Verständnis mit dem Auswärtigen Dienst.
Im Sturm spielen die Finanzjongleure zusammen mit den Unternehmern. Sie sollen für die Tore sorgen und Löcher in die gegnerische Abwehr für das aufrückende Mittelfeld reißen."

Mit dieser Aufstellung hat sich unser Fußballfan für eine sportliche Abbildung des Rechtsstaates, der solidarischen Marktwirtschaft und der außenpolitischen Diplomatie entschieden, so wie es die politische Wirklichkeit in Europa im Groben wiedergibt. Mit den Unternehmern und den Finanzjongleuren sind Spieler aufgestellt, die privatkapitalistischen Prinzipien folgen. Dagegen agieren Gewerkschaften und Soziale Bewegungen insbesondere nach dem Prinzip der solidarischen Gerechtigkeit. Treffend ist auch, dass Unternehmer und Finanzjongleure im Sturm spielen. Von ihrer offensiven Position aus können sie einen möglichst großen Gewinn für ihre Mannschaft schlagen. Sie sind für die Torerfolge verantwortlich und somit gleichzeitig für die Niederlage der Gegner.

Wie bei einer Fußballweltmeisterschafts-Endrunde gibt es im Marktsystem nur Gewinner und Verlierer. Auf das Siegen im Marktsystem sind die europäischen Stürmer spezialisiert. Sie sind daher richtigerweise im Sturm aufgestellt. Auch Gewerkschaften und die Sozialen Bewegungen sind auf den Außenbahnen im Mittelfeld entsprechend ihrer Fähigkeiten aufgestellt. Beide sind sie Akteure der breiten Zivilgesellschaft. Wohlstandsbeschützende Abwehrleistungen können aufgrund ihrer strammen Organisation allerdings effektiver von den defensiver spielenden Gewerkschaften umgesetzt werden. Die Sozialen Bewegungen sind dagegen stark international orientiert. Insbesondere in Zusammenarbeit mit der Presse, aber auch mit dem Auswärtigen Dienst können sie ihre Interessen durchsetzen. Ihre Spielideen sind oft innovativ und von den Gegnern schwer zu durchschauen. Die offensive Ausrichtung der Sozialen Bewegungen ist also durchaus nachvollziehbar.

Die Notenbank dient als Bindeglied zwischen den kapitalorientierten Spielern im Sturm und den an solidarischer Gerechtigkeit orientierten im Mittelfeld. Durch die gesamtwirtschaftliche Ausrichtung ist der Notenbank am Wohl aller gelegen. Die bindende Position zwischen Defensive und Sturm ist daher sehr geeignet für die Notenbank!

Im zentralen Mittelfeld spielen der Auswärtige Dienst und die Forschung. Für Europa stimmt es durchaus, dass der erste tiefere Kontakt mit dem Ausland durch die Diplomatie hergestellt wird. Auf einem Territorium, das so groß wie Indien ist, aber aus etwa 30 Staaten und Nationen besteht, verspricht nur das Mittel der Diplomatie Erfolg, um Streitigkeiten zu lösen. Daher spielt der Auswärtige Dienst im eurasischen Team in zentraler Spielmacherposition.

Wissenschaftliche Innovation bildet seit Jahrhunderten den Grundstein der europäischen Gesellschaft. Mithilfe ihrer wissenschaftlichen Errungenschaften während des Zeitalters der Aufklärung und der Industrialisierung verhalf

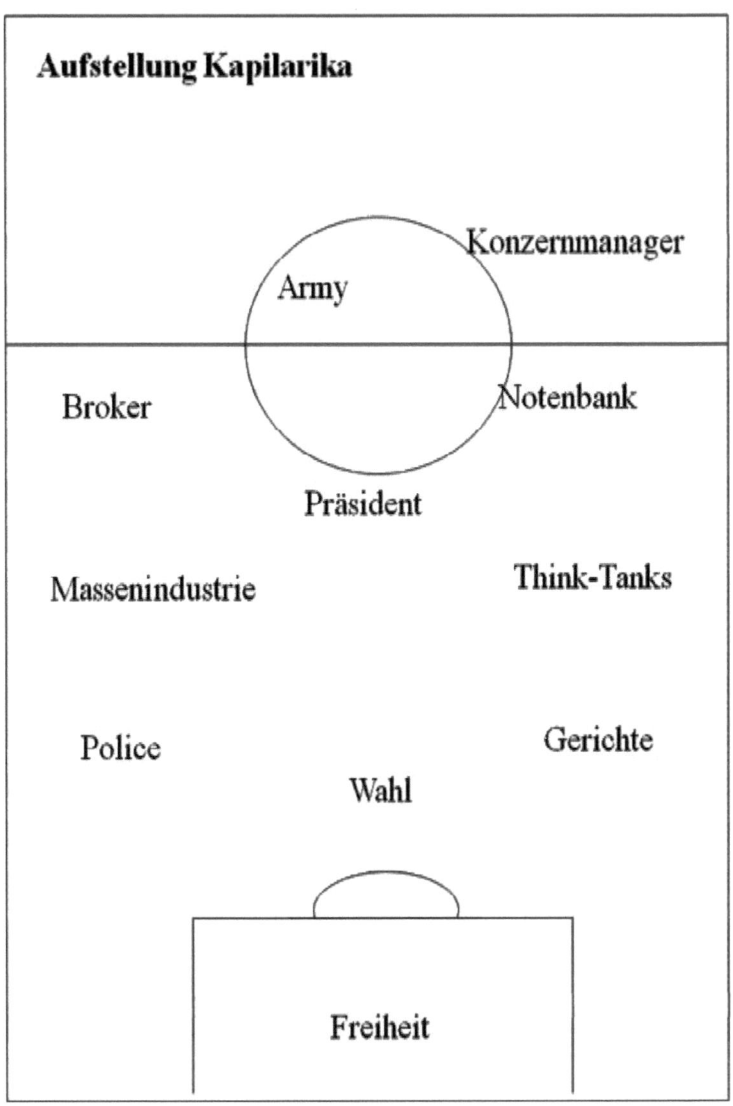
Aufstellung Kapilarika
Konzernmanager
Army
Broker
Notenbank
Präsident
Massenindustrie
Think-Tanks
Police
Gerichte
Wahl
Freiheit

die Forschung ihren politischen Führern zu weltumspannenden Imperien. Auch heute bildet die ständige Innovation den Grundstock der europäischen Gesellschaft. Zum einen, weil ihre Erfindungen ständig neue Arbeitsplätze und damit innenpolitischen Frieden generieren und zum anderen, weil durch innovative Erfindungen Marktnischen des globalen Wirtschaftssystems geschlossen werden können und damit positive Akzente für das Offensivspiel gesetzt werden. Der Forschung kommt also bei jedem Spielstand bzw. bei jeder geopolitischen Mächtekonstellation eine entscheidende Rolle zu. Das europäische Verteidigungssystem besteht mit dem Grundgesetz als ein Verfassungsorgan, mit der Polizei als ein staatlicher Akteur und mit der Presse als ein Spieler der Zivilgesellschaft. Alle drei Spieler sind unverzichtbar in einem funktionierenden Rechtsstaat. Aufgaben des Verfassungsgerichtes und der Polizei sind es, die Ordnung und Rechtssicherheit im Staate zu wahren. Ein gleichberechtigtes Miteinander wird damit möglich, solidarischer Frieden entsteht und dieser wirkt sich nicht zuletzt auf die Arbeitsproduktivität der Gewerkschaftsmitglieder und auf die Leistungsfähigkeit der Forschung positiv aus. Die Polizei übernimmt dabei die aktivere Rolle. Auf die Fußballmannschaft übertragen, spielt die Polizei mit der Manndeckung somit genau auf der richtigen Position. Das Verfassungsgericht dagegen ist für allgemein bindende Entscheidungen zuständig. Seine Aufgabe ist es, in der politischen Realität das Grundgesetz zu schützen; in der Fußballmannschaft spielt das Grundgesetz auf der Liberoposition. Die Presse wird von der Zivilgesellschaft getragen, verdankt ihre Existenz und ihre spielerischen Fertigkeiten aber dem Grundgesetz und dem Verfassungsgericht, welche beide die freie Meinungsäußerung festschreiben. Gleichzeitig transportiert die Presse gesellschaftliche oder politische Missstände in das öffentliche nationale und internationale Bewusstsein. Attacken gegnerischer Stürmer kann die Presse damit oft effektiv abblocken und damit ihren Abwehrpartnern Arbeit abnehmen.

> „Nun zu Kapilarika: Im Tor der Kapilarika steht die Freiheit. Sie ist in den Vereinsstatuten festgeschrieben und soll jedem das Recht auf freie Meinungsäußerung garantieren. Zusammen mit der ausschließlich defensiv aufgestellten Wahl soll sie der Garant für die gute Defensivarbeit sein.

Weiter verlässt sich der Trainer auf eine gute Zusammenarbeit der Außenverteidiger Police und Gericht. Beide sind für ihre Staubsaugermentalität bekannt.

Ein aggressives Mittelfeld soll Schwung in das Spiel bringen und den schon so erfolgreichen Stürmen zu weiteren Treffern verhelfen. Der Trainer entschied sich heute für die Massenindustrie gemeinsam mit den Brokern auf der linken Seite. Die Think-Tanks und die Notenbank sollen die rechte Seite übernehmen.
Spielmacher ist natürlich der Präsident. Er soll die Kontrolle über das Spiel gewinnen und die entscheidenden Fäden ziehen. Er ist für seine Gefährlichkeit bei Standardsituationen bekannt und die Eurasier sollten sich vor Freistößen in Höhe des 16-Meter-Raumes schützen. Ihm trauen die Wettbüros heute Abend die entscheidenden Impulse zur Spielentscheidung zu. Oft hat er schon mit den Konzernmanagern und der Army als dritte Spitze gespielt. Doch ist er auch für seine Arroganz bekannt, die ihn in so manchem Spiel schlecht abschneiden ließ.
Im Sturm ist die Army auch noch in der 90. Minute für ein Tor gut. Die Konzernmanager werden wohl die Wühlarbeit übernehmen."

Reflektieren wir kurz die Ideen unseres Fußballfans. Mit der Freiheit im Tor spielt er auf die zentrale Rolle der individuellen Freiheit im US-amerikanischen Gesellschaftssystem an. Freie Meinungsäußerung, Bewegungsfreiheit, Minderheitenrechte und Rechtsschutz sind bereits in den Federal Papers (US-amerikanische Verfassung) enthalten, die 1776 von den drei Vordenkern Washington, Jefferson und Hamilton niedergeschrieben wurden. Der weltpolitisch unkundige Fußballfan könnte nun fragen, warum denn nicht auch Europa das Grundgesetz als Träger der Freiheit im Tor aufbietet. Die Antwort ist einfach: In Europa sind über die letzten Jahrhunderte viele scheußliche Dinge geschehen, die Menschen haben sich gegenseitig abgeschlachtet und Völkerhass war weit verbreitet. Dies führte dazu, die Mündigkeit europäischer Bürger infrage zu stellen. Den europäischen Bürgern musste Freiheit genommen werden, um ein freies Leben zu ermöglichen. Tatsächlich gaben sich alle europäischen Nationen eine detaillierte Verfassung mit einem Grundgesetz. Die auf neue Kontinente auswandernden Europäer im 18. Jahrhundert definierten sich dagegen durch die Befreiung von den europäischen Muttermächten und den gesellschaftlichen Zwängen, in die sie in ihren Heimatländern eingeengt gewesen waren. Ihr neues Leben wollten sie frei gestalten, ohne gesellschaftliche Zwänge und Vorschriften.

Eine große Menge an Menschen benötigt für ein reibungsloses Zusammenleben trotzdem Regeln. Politikwissenschaftler nennen hierfür als Hauptgrund meist die Unfähigkeit von Menschen, in einem als Naturzustand bezeichneten Leben ohne gemeinsame Regeln zusammenzuleben. Gäbe es keine Regeln, würde sich der Stärkere immer gegen den Schwächeren durchsetzen, wie beim Marktsystem oder beim Fußballspiel. Der Schwächere würde an Freiheit verlieren und das Grundprinzip der US-amerikanischen Gesellschaft wäre auf den Kopf gestellt. Um genau dieses zu verhindern, stellt unser kleiner Fußballfan mit der Police, der Wahl und den Gerichten drei Verteidiger auf, die den Verlust von individueller Freiheit verhindern sollen.

Die Wahl stellt sicher, dass eine Minderheit keine Macht über die Mehrheit bekommt. Die Police beschützt die allgemeingültigen Regeln, erfindet diese neu oder schafft veralterte Regeln ab. Die Gerichte schließlich können von jedem Bürger angerufen werden, der sich in seiner individuellen Freiheit zu Unrecht eingeschränkt sieht. Die Gerichte entscheiden dann über die Rechtmäßigkeit der Klage.

Zusammen verteidigen die drei Abwehrspieler also ihren Torwart Freiheit. Gleichzeitig stabilisieren sie das Gesellschaftssystem und geben somit dem Mittelfeld den nötigen Halt für dessen Offensivarbeit.

Das kapilarische Mittelfeld ist sehr offensiv ausgerichtet. Alle fünf Mittelfeldspieler könnten auch als Stürmer eingesetzt werden und in einem internationalen Umfeld sehr gut bestehen. Die kapilarische Massenindustrie und die kapilarischen Think-Tanks sind international konkurrenzfähig und weltweit begehrt. Gleichzeitig geben sie der heimischen Bevölkerung materielle Sicherheit, Arbeitsplätze und sorgen regelmäßig durch innovative Ideen für Verbesserungen des Lebensstandards. Man könnte beide Spieler als nationales und internationales Fundament der Mannschaft bezeichnen.

Natürlich gilt selbiges auch für die anderen Offensivspieler Kapilarikas, die Notenbank und die Broker. Jedoch sind diese viel besser prädestiniert für den tödlichen Pass oder das entscheidende Tor. Deswegen spielen sie in der

Grundaufstellung im offensiveren Mittelfeld. In der Tat müssen sie aber auch erhebliche Abwehrarbeit leisten.
Der Präsident ist Spielführer und die Schaltstelle im kapilarischen Spiel. Diese Position im Spiel spiegelt die reale Position des US-amerikanischen, aber auch vieler lateinamerikanischer und afrikanischer Staatspräsidenten wieder. Der Präsident entscheidet, was zu tun ist und gibt die notwendigen Impulse. In der Durchführung jedoch muss er stets auf die Hilfe ihrer Mitspieler vertrauen, sowohl in der bereits genannten Defensive als auch in der Offensive.
Wichtige Handlungspartner für den Präsidenten auf der internationalen Bühne sind insbesondere die Wirtschaftsakteure, in der Aufstellung im offensiven Bereich vertreten durch die Broker, Notenbank und die Konzernmanager. Zusätzliches Offensivelement ist die Army, die insbesondere von den USA sehr gerne militant eingesetzt wird.

Doch nun soll es losgehen:

> „Vor dem Spiel kündigte der kapilarische Trainer die totale Offensive an. Mit einem Sieg heute wäre die Meisterschaft komplett und der Präsident würde vom Weltschiedsgericht die Meisterschale überreicht bekommen.
> Ein Sieg der Eurasier würde eine Überraschung bedeuten. Weiter ist das Spiel aufgrund der taktischen Marschroute interessant. Die absolute Brechstange der Kapilarika tritt gegen die kontrollierte Offensive der Eurasier an. Wer wird gewinnen? Wer hat die bessere Taktik? Ist das rücksichtslose Vorwärtsrennen oder der kontrollierte Aufbau der richtige Weg?
> Voller Spannung blickt die Welt auf das heutige Spiel."

Nationalhymnen

Die Mannschaften befinden sich auf dem Platz. Die Nationalhymnen werden gespielt.
Die Spieler haben laut mitgesungen. Einige hatten sogar ihre Hand auf das Herz gelegt. Nun hüpfen sie leicht in die Luft, um ihre Nervosität zu vertreiben.

Nach dem Verklingen der letzten Töne rennen die Spieler auseinander. Der Schiedsrichter und die beiden Mannschaftsführer, das eurasische Verfassungsgericht und der kapilarische Präsident treffen sich am Anstoßpunkt zur Wahl. Eurasien gewinnt die Wahl. Anstoß Eurasien.

Erste Halbzeit

1. Minute. Anstoß. Der Schiedsrichter pfeift das Spiel an. Die Eurasier sind im Ballbesitz. Die Finanzjongleure spielen den Ball zu den eurasischen Unternehmern. Die Unternehmer passen zurück nach halbrechts an den Mittelkreis zum Auswärtigen Dienst. Hier wird der Ball zum ersten Mal in diesem Spiel gestoppt: Durch die angreifenden Stürmer der Kapilarika fühlt sich der Auswärtige Dienst bedrängt und spielt den Ball auf die linke Außenbahn in den Lauf der eurasischen Gewerkschaften.

Die Gewerkschaften sind mit viel Selbstvertrauen aus den letzten Tarifverhandlungen herausgekommen. Sie hatten während der letzten Lohnrunde drei Prozent Lohnerhöhung erfolgreich eingefordert. Um nun erhöhte Inflation zu vermeiden, die ja doch wieder negativ auf den Geldbeutel drücken würde, hofft die Gewerkschaftsspitze auf eine steigende gesamtwirtschaftliche Produktivität der eurasischen Unternehmer durch wissenschaftliche Errungenschaften. Die Gewerkschaften stoppen den Ball, überlegen und spielen ihn zu der Forschung in zentraler defensiver Position.

Die eurasische Forschung verspricht Erfolge im Bereich Mikroelektronik noch in diesem Quartal und bescheinigt mittels einer Presseerklärung den kapilarischen Think-Tanks, einen erheblichen technologischen Rückstand im Sektor Elektronik zu haben. Die Forschung umspielt am rechten Flügel geschickt die kapilarischen Think-Tanks per Doppelpass mit der eurasischen Presse und den Gewerkschaften und spielt einen Steilpass in Richtung rechtes Strafraumeck.

Dort stoppen die eurasische Unternehmer den Ball und überlegt, wie sie ihre neuen Erkenntnisse in der Forschung zur Energieübertragung sinnvoll nutzen kann. Schließlich beschließt die eurasische Unternehmer, mit einer neuen Energieleittechnik neuwertige Sicherheitssysteme zu bauen. Für dieses Produkt besteht in Kapilarika große Nachfrage: Die kapilarische Bevölkerung hat Angst, von den Dschihad-Stürmern der Fundia überlistet

zu werden. Um die Lebensfreiheit in Kapilarika zu verteidigen, benötigen die Kapilarika die neue Technologie.
Die kapilarische Massenindustrie greift die eurasischen Unternehmer von hinten an, indem sie die eurasischen Unternehmer dutzende hochwertige, in Kapilarika hergestellte Güter zum Tausch anbietet. Aber die Eurasier pokern, sie wollen die Technologie zum Höchstpreis verkaufen und ein sehr gutes Geschäft machen.
Das kapilarische Angebot wird abgelehnt und die Attacke der kapilarischen Massenindustrie bleibt erfolglos. Der eurasische Stürmer überspielt seinen Gegenspieler mit einer einfachen Körpertäuschung. Die eurasischen Unternehmer stehen nur noch den kapilarischen Spielern Wahl, Police und Gerichte gegenüber. Auf der anderen Strafraumseite haben sich die Finanzjongleure in Position gelaufen.
Die Unternehmer marschieren bis zur Grundlinie und setzt zu einer Flanke in den Rücken der Dreierabwehrkette an. Abgefälscht!
Die kapilarischen Gerichte haben den Kopf an den Ball bekommen und klären zum Eckstoß. Der Auswärtige Dienst läuft empört Richtung Eckfahne. Er ist erbost über ein sofortiges Verbot der eurasischen Technologie durch die kapilarischen Gerichte mit der Begründung, der Preis, den die Eurasier verlangen, sei zu hoch. „Wenn wir den bezahlen, dann droht Rezession aufgrund gestiegener Preise. Wir dürfen das nicht hinnehmen!“
Innenpolitisch schafft diese Begründung der kapilarischen Gerichte einen Streit in der kapilarischen Parteienlandschaft. Als ein erster Minister zurücktreten muss, entscheidet sich der Präsident einzugreifen. Er votiert trotz des gerichtlichen Verbotes für den Erwerb der Technologie und leert die Staatskasse, um das neue Produkt zu erwerben.
Der Auswärtige Dienst zieht die Ecke scharf auf den kurzen Pfosten Richtung eurasische Unternehmer. Doch der kapilarische Präsident köpft den Ball abgeklärt auf die halblinke Seite, hinaus aus der Gefahrenzone.
Auf der linken Seite nehmen die kapilarischen Think-Tanks den Ball geschickt auf und spielen einen Querpass auf die an der Mittellinie wartenden kapilarischen Broker. Mit einem direkten Pass fliegt der Ball weiter zu den bereits in der gegnerischen Hälfte gestarteten kapilarischen Konzernmanagern. Diese profitieren von den vom Präsidenten bestimmten neuen Staatsausgaben und der inländischen Kaufnachfrage. Übermütig versuchen sie einen Fernschuss aus 35 Metern. Weit daneben!

3. Minute. Abstoß. Das eurasische Grundgesetz schlägt das Leder über die Mittellinie in die gegnerische Hälfte. Die kapilarische Notenbank stoppt den Ball mit der Brust und kündigt mit einem Pass zu der auf rechts positionierten Massenindustrie eine Zinssenkung an. Mehr Kapital kann aufgenommen werden, höhere Investitionen sind möglich: Die Massenindustrie stoppt den Ball und teilt die freudige Botschaft sofort dem kapilarischen Präsidenten mit.
Der Präsident, nun im Ballbesitz, nutzt die Gelegenheit der guten Konjunktur für eine Grundsatzrede über die kapilarischen Grundwerte Freiheit, demokratische Wahlen und rechtsstaatliche Institutionen. Der Präsident passt zum Libero Wahl. Die Wahl spielt den Ball weiter zu den Gerichten. Es folgt ein Querpass zu der Police. Die eurasischen Stürmer sind nach vorne gerückt und bedrängen die kapilarische Dreierabwehrkette.
Die eurasische Notenbank senkt die Zinsen. Eurasische Finanzjongleure nehmen Kapital auf und spekulieren auf den steigenden kapilarischen Finanzmärkten. Mit kurzfristigen Scheineinkäufen und -verkäufen von Aktien an der New York Stock Exchange möchten die Eurasier die kapilarischen Anleger in die Panik treiben und hoffen auf einen überhasteten Rückpass zum Torwart, der zu einem Eigentor führen könnte.
Doch das Engagement nutzt nichts. Die eurasischen Kapitalinvestitionen werden temporär eingefroren. Per Hackentrick werden die eurasischen Stürmer auf der rechten Seite in Höhe der Mittellinie umspielt. Der Ball landet bei den kapilarischen Brokern, die, gestärkt durch Geldgewinne, versuchen, eurasische Unternehmen aufzukaufen.
Doch es regt sich Widerstand vonseiten der eurasischen Gewerkschaften, die sich gegen eine kapilarische Übernahme von eurasischen Unternehmen durch Streiks und Massendemonstrationen zu Wort melden. Die Broker verzichten auf eine direkte Auseinandersetzung mit den eurasischen Gewerkschaften und spielen den Ball die Linie entlang in die Spitze zur Army.
Erfreut über den plötzlichen Ballbesitz, stürmt die kapilarische Army los. Die Army ist durch keine Argumente zu stoppen. Sie nimmt keine Rücksicht auf die Einwände der Gegenspieler. Sie umtanzt die wütend gestikulierende eurasische Presse und setzt das ungläubige, dem Frieden verpflichtete Verfassungsgericht per Leo außer Kraft. Die Army steht alleine vor dem Grundgesetz, dem eurasischen Recht auf Leben. Nun geht es um alles oder nichts. Wird die Aktion zum Totalerfolg, zum Niederwurf der eurasischen

Defensivarbeit führen? Wird das Grundgesetz ausgetrickst und depudiert? Fällt das 1:0? Der Spieler hat den 16-Meter-Raum erreicht. Der Torwart klebt an der 5-Meter-Linie. Rechtsschuss. Links unten.
Das Grundgesetz reagiert schnell und ruft seine Mitspieler zu einer generellen Mobilmachung auf. Doch wird das reichen? Der Torwart erwischt den Ball mit den Fingerspitzen der rechten Hand und lenkt den Ball um den Pfosten. Gerettet.

5. Minute. Eckball. Der Präsident führt den Eckball aus. Mit dem linken Fuß zieht er den Ball vom Tor weg auf den 11-Meter-Punkt. Die Konzernmanager setzen zum Kopfball an. Doch das Grundgesetz reagiert schneller. Es verbietet vorübergehend sämtliche kapilarischen Investitionen in Eurasien und fordert zusammen mit dem Auswärtigen Dienst, alle bilateralen Beziehungen mit den Kapilarikern abzubrechen. Die kapilarischen Spieler, erschrocken von einer solch weitgehenden Forderung, reagieren nicht und der Ball landet im Toraus. Abstoß. Wieder ist Eurasien im Ballbesitz.
Die Fans skandieren für den bravourösen Torwart: „Grundgesetz, wir lieben dich!“
Nun, meine Damen und Herren! Fünf Minuten erst gespielt und schon so viel passiert. Es scheint, ein interessantes Spiel zu werden. Beide Mannschaften müssen Tore schießen, um zu gewinnen. Für die Spieler sind jeweils hohe Siegesprämien ausgesetzt, sie sollen bis zur Erschöpfung kämpfen.

6. Minute. Wieder schlägt der eurasische Torwart den Ball in Richtung Mittellinie. Diesmal landet er am Spielfeldmittelpunkt bei einem eurasischen Mitspieler. Der Ball wird von der unermüdlichen rackernden eurasischen Forschung aufgenommen. Diese lässt ihn zurück zum Verfassungsgericht prallen. Das Verfassungsgericht beschließt eine Ballsicherungsmaßnahme und spielt den Ball zu der eurasischen Presse. Die Presse, bekannt für ihre Spurts entlang der Außenlinie, spielt den Ball zur Forschung. Von dort geht der Ball zum Auswärtigen Dienst in zentraler Position.
Der Auswärtige Dienst gewinnt aufgrund seiner Friedensbemühungen im Nahen Osten internationale Popularität und kann geschickt eine Werbekampagne für eine eurasische Errungenschaft einleiten: Kommunale Versorgungstechnik, hochwertige Verkehrstechnik. Viele Siedlungen in der Drit-

ten Welt sind nur an die vormodernen Anforderungen angepasst. Die Globalisierung erfordert jedoch eine solide Infrastruktur.
Tatsächlich ist der Nahe Osten bereit, große Mengen an Erdöl gegen eurasische kommunale Versorgungstechnik und High-Speed-Züge inklusive der Streckennetze zu tauschen. Der Auswärtige Dienst spielt den Ball zu den eurasischen Unternehmern.
Die Unternehmer sind sehr erfreut über die Initiative des Auswärtigen Dienstes. Eine gesicherte Rohstoffzufuhr verspricht Planungssicherheit bei der Produktion, die Aufträge aus dem Nahen Osten versprechen ein tolles Geschäft. Die Unternehmer tricksen im Kurzpassspiel mit den Finanzjongleuren den gegnerischen Libero aus, bleibt dann aber an der zurückgeeilten kapilarischen Army hängen. Die Army schickt Truppenverbände in nahöstliches Gebiet und zwingt die lokale Bevölkerung, ihr Öl gegen kapilarische Alternativgüter zu tauschen. Gegen dieses Vorgehen sind die, den Frieden schätzenden, eurasischen Stürmer natürlich machtlos. Sie können der Army keine eigenen Legionen entgegenstellen. Die Army schlägt einen weiten Ball auf den linken Flügel zu den kapilarischen Konzernmanagern. Die Konzernmanager befinden sich im Zweikampf mit der eurasischen Presse, die beim UN-Sicherheitsrat lautstark Spielregelverletzung aufgrund des Waffeneinsatzes beanstandet. Dem Einspruch wird stattgegeben und die Presse klärt etwa 25 Meter in der eigenen Hälfte zum Einwurf.

7. Minute. Die kapilarischen Konzernmanager führen den Einwurf schnell und weit aus. Sie bringen am 16er-Eck die Broker in Position. Diese ziehen ihr Kapital von den eurasischen Märkten und bewirken damit Desorientierung in der eurasischen Abwehrarbeit.
Wieder versucht die Presse, mit einer Grätsche den Ball in das Seitenaus zu befördern. Doch diesmal rutscht sie ins Leere und muss sich nun auf das Verfassungsgericht verlassen. Das Verfassungsgericht reagiert mit einem sofortigen und grundsätzlichen Importverbot aller kapilarischen Finanzen und Güter. Die kapilarischen Broker werden dadurch so stark irritiert, dass sie den Ball in einem übertriebenen Dribbling leichtfertig an das Verfassungsgericht verstolpern.
Der Retter Verfassungsgericht spielt den Ball zur eurasischen Forschung, von der es sich neue Ideen erwartet. Die Forschung leitet den Ball mit einer

akademischen Erklärung zur Effizienzsteigerung bei einer einheitlichen 35-Arbeitsstunden-Woche zu den Gewerkschaften.
Die Gewerkschaften bedanken sich auf der rechten Seite in Höhe der Mittellinie für den Ball und stürmen in die gegnerische Hälfte. Sie schlagen den eurasischen Unternehmern diese 35-Stunden-Woche vor und verweisen als Begründung auf die Argumente der eurasischen Forschung. Aber mit dieser Forderung können die beiden, auf Kapital und billige Arbeitskraft angewiesenen, eurasischen Stürmer wenig anfangen und sie zeigen nicht mal den Versuch, kleine Löcher in die kapilarischen Abwehrreihen zu reißen. Die-Gewerkschaften brechen den Spielzug ab und spielen den Ball zum Auswärtigen Dienst ins gesicherte Mittelfeld.
Während eines Gipfeltreffens zum Nahost-Konflikt wird der Auswärtige Dienst vom kapilarischen Präsidenten attackiert. In einer heftigen Podiumsdiskussion schlägt der Präsident mit seiner Rhetorik den eurasischen Auswärtigen Dienst. Der Präsident erobert den Ball geschickt und spielt einen Steilpass an die linke Außenseite auf die kapilarische Massenindustrie.
Die Massenindustrie profitiert im Zusammenspiel mit der kapilarischen Notenbank von einer erneuten Zinssenkung. Und setzt nahe der Eckfahne zur Flanke an … Aber, meine lieben Damen und Herren, diese Flanke ist über den Spann gerutscht und der Ball landet im Toraus.
Die Fans rufen schmähend: „Üben! Üben!“
Nach nun knapp neun Minuten Spielzeit steht es immer noch 0:0. Beide Mannschaften zeigten vielversprechende Ansätze, ohne allerdings im Abschluss vom Erfolg verwöhnt zu sein.

9. Minute. Das eurasische Grundgesetz spielt den Abstoß an den 16-Meter-Raum. Dort hält das Verfassungsgericht den Ball unbedrängt und sucht nach einer Anspielstation. Der Ball wird in der Abwehr ein paar Mal quer gespielt. Erst auf das gefährliche Pressing der kapilarischen Offensivkräfte reagiert das Verfassungsgericht mit einem öffnenden Pass in die Mitte zur eurasischen Forschung, der mit einem Blanko-Scheck für notwendige Gesetze bei neuen Erfindungen verbunden wird. Die Forschung kontrolliert den Ball und sucht nach einer Idee. Da sie keine Anspielstation finden kann, versucht sie ein Dribbling durch die Mitte und wird von der kapilarischen Police per Tackling zu Fall gebracht.

Die kapilarischen Spieler verstehen diese Angriffsvariante der Eurasier nicht und wollen durch ein Sicherheitsfaul ein wenig Zeit gewinnen, um die Abwehr vernünftig zu organisieren.

10. Minute. Freistoß. 40 Meter vor dem Tor. Mittlere Position. Der Auswärtige Dienst kündigt eine strikte Trennung seiner Politik von der kapilarischen Politik an und riskiert einen Gewaltschuss aus 40 Metern. Torwart Freiheit hebt beruhigend die Hand. Denn mehr als die richtige Richtung konnte der Schuss nicht bieten. Der Ball streicht cirka fünf Meter über das Tor. Abstoß Kapilarika.
Zielwasser scheinen die Spieler vor dem Spiel nicht getrunken zu haben. Es kann ja nur besser werden.
11. Minute. Der Ball fliegt weit in die eurasische Hälfte. Die kapilarischen Think-Tanks köpfen mit der Erfindung einer neuen Rakete, mit deren Hilfe tiefliegende Bunker gesprengt werden können, zur Army. Diese überrennt, gestärkt durch die neue Wunderwaffe, in großen Schritten die unfaires Spiel fordernde eurasische Polizei und flankt den Ball mit dem linken Fuß zu den Brokern, die am zweiten Pfosten mitgelaufen sind. Die Broker ziehen volley ab, sprich mit einem sicherungslosen Setzen auf steigende kapilarische Aktien ... Glanzparade.
Das eurasische Grundgesetz hält. Wie eine Katze ist es auf die Seite gesprungen und faustet den Ball mit einer Eilbotschaft für ein Friedensangebot an die Kapilarika an das Fünf-Meter-Eck.
Oh! Die eurasische Abwehr schläft. Sie scheint das von ihrem Torwart vorgeschlagene Friedensabkommen nicht mittragen zu wollen. Die kapilarischen Konzernmanager stehen ganz allein und schieben den Ball vorbei am schon geschlagenen Torwart ins Netz. Tooooooor! Tooooooor, 1:0! Wild gestikulierend holt die eurasische Polizei den Ball aus dem Netz. Kapilarika führt gegen Eurasien mit 1:0. Torschütze in der 11. Minute sind die kapilarischen Konzernmanager.

12. Minute. Jetzt muss die eurasische Aufholjagd beginnen. Die Presse scheint besonders wütend zu sein. Sie schreit ihre Kameraden an: „Hey, Jungs! Das können wir uns nicht gefallen lassen. Wir schlagen zurück!“ Kaum geschrien, pfeift der Referee wieder an.

Überall auf der Welt erscheinen per Fernsehnachrichten eurasische Schuldzuweisungen gegen Kapilarika. Diese würden Spionage in sehr großem Stil betreiben und gefährdeten damit die eurasische Bevölkerung. Aus anderen Weltteilen kommen ähnliche Meldungen und schnell kann der Auswärtige Dienst ein nützliches Zweckbündnis mit internationalen Partnern schließen. Man beschließt einen internationalen Boykott kapilarischer Güter.
Weder kapilarische Fußballtrikots noch kapilarische Radios werden weiterhin auf eurasische und andere Kontinente gelassen. Kein kapilarisches Gut kann mehr erworben werden. Die kapilarische Massenindustrie und deren Konzernmanager attackieren am Mittelkreis den Auswärtigen Dienst, werden aber vom eurasischen Auswärtigen Dienst mit einer simplen Körperdrehung ausgetrickst. Nun sieht der Auswärtige Dienst sich den wütend schnaubenden kapilarischen Think-Tanks gegenüber. Diese erkennen die Wirkungskette des eurasischen Angriffes sofort: keine Exportmärkte, keine Verkäufe, kein Exportgewinn, weniger Staatseinnahmen, weniger Fördergelder für die Think-Tanks, keine Innovationen, Verarmung der Bevölkerung. Tatsächlich legte der Auswärtige Dienst den Ball einfach an den Think-Tanks vorbei und spielte zu der rechts mitgelaufenen Presse.
Die Presse jubelt und propagiert den Erfolg weltweit in großen Tönen: „Ein bis zur Unterwerfung Kapilarikas dauernder Wirtschaftsboykott ist von der internationalen Völkergemeinschaft gegen Kapilarika beschlossen!“ Der Tumult im kapilarischen 16er ist heftig, denn die kapilarische Bevölkerung spürt den Boykott, Tag für Tag geht es der kapilarischen Bevölkerung schlechter. Die Presse flankt.
Die eurasischen Unternehmer entledigen sich mit einem vom Schiri nicht gesehenen Bodycheck ihres Bewachers und wartet am langen Pfosten auf die blitzsaubere Flanke der Presse.
Der kapilarische Torwart Freiheit fliegt, blockiert durch den murrenden Mitspieler, am Ball vorbei. Die eurasischen Unternehmer stoppen den Ball am 5er mit der Brust und legt ihn quer auf die durch die von der Importsubstitution kapilarischer Güter ausgelöste Vollbeschäftigung in Eurasien erstarkte eurasische Gewerkschaft.
Ein Stolpern der kapilarischen Notenbank, die die Vorkommnisse ökonomisch falsch interpretiert und den Leitzins aus Schreck erhöht hatte, eröffnet den Gewerkschaften eine freie Schussbahn. Schuss!

Die kapilarische Wahl rettet mit der Hand auf der Linie. Kein Tor. Elfmeter. Rote Karte für den kapilarischen Verteidiger Wahl.
Die Wahl hatte sich geopfert für das Wohlergehen der kapilarischen Bevölkerung. In Kapilarika war man der Meinung, dass jedes Mittel und jedes Risiko recht war, ein Tor zu verhindern. Kapilarika opfert seine demokratischen Mitbestimmungsrechte und wird mit einer Roten Karte vom Platz gestellt. Eine Quasi-Monarchie wird eingeführt und dem Präsidenten Führungsgewalt über Notenbank und Army zugesprochen. Freie Marktwirtschaft soll aber auch zukünftig fest in Kapilarika herrschen.

14. Minute. Ein neu entfesseltes Freiheitsgefühl der Kapilarika kann den Elfmeter gegen den verdutzten Auswärtigen Dienst sicher parieren. Der Auswärtige Dienst hatte nie damit gerechnet, dass Kapilarika ihren Libero Wahl für die Vermeidung eines Tores opfern würde.
Doch zur Enttäuschung bleibt keine Zeit. Schon wirft der kapilarische Torwart Freiheit den Ball zum Präsidenten. Dieser stürmt zusammen mit der Notenbank auf dem linken Flügel los. Die Army läuft rechts in Position.
Der Präsident ordnet eine Senkung des Leitzinses an, um die Konzernmanager ins Spiel einzubinden. Es entsteht eine 4:3-Situation: die vier kapilarischen Stürmer gegen die eurasischen Spieler Forschung, Verfassungsgericht und Presse.
Der Präsident spielt den Ball zu der Notenbank. Sie spielt einen weiten Cross-Schlag zu der auf der rechten Seite wartenden Army. Durch das Vertrauen des Präsidenten in ihrem Selbstbewusstsein gestärkt, setzt die Army zum Flügellauf an und erreicht, nur halbherzig von der eingeschüchterten eurasischen Presse attackiert, die Außenlinie. Die Army schlägt eine Flanke und zieht den Ball von der Torlinie weg Richtung Elf-Meter-Punkt.
Sowohl die Broker als auch die kapilarischen Konzernmanager freuen sich bereits auf die erneute Chance zum Torerfolg, als das eurasische Verfassungsgericht die Angriffsbemühungen mit einer sofortigen Ausweisung aller kapilarischen Konzernmanager und Broker von eurasischem Boden stoppt und per Kopfball klärt.

15. Minute. Der Ball landet auf halblinkem Flügel bei den Sozialen Bewegungen. Letzte Woche genossen sie Trainingsfrei. In den Zeitungen war von einem Kurztrip mit der Freundin nach Italien zu lesen. Anscheinend haben

die stressfreien Tage gut getan, denn die Sozialen Bewegungen verlagern das Spiel schnell nach vorne.
Mit einer Kampagne gegen unter erniedrigenden Arbeitsbedingungen hergestellte kapilarische Güter, nach dem Motto „No Logo", lassen die eurasischen Sozialen Bewegungen die kapilarische Massenindustrie schlicht stehen.
Die Sozialen Bewegungen spielen einen Steilpass in die Spitze. Doch der Ball landet in den Füßen der kapilarischen Police. Die kapilarische Police geht aktiv gegen die Hetzkampagne vor und schlägt den Ball ins Seitenaus.

16. Minute. Die eurasischen Sozialen Bewegungen werfen den Ball, ein gerechteres Wirtschaftssystem proklamierend, zur eurasischen Forschung. Diese entdeckt tatsächlich Möglichkeiten, die ganze Welt gleichberechtigter in den internationalen Handel einzubeziehen, und gibt ihre Vorschläge an den Auswärtigen Dienst weiter. Ganz in ihrem Gemüt proklamiert der Auswärtige Dienst die neue Errungenschaft.
Gegnerische Broker und Konzernmanager sind so eingeschüchtert, dass sie von dem Ball führenden Auswärtigen Dienst links stehen gelassen werden.
Doch im anschließenden Zweikampf mit den kapilarischen Think-Tanks verliert der Auswärtige Dienst den Ball, da diese Fehler im neuen System entdeckt haben.
Nun versuchen die kapilarischen Think-Tanks ihrerseits, das Weltvertrauen auf ihre Seite zu ziehen. Sie verkünden den freien globalen Markt für alle Dienstleistungen, Kapital und Güter. Leider ist auch dieser Versuch sehr tölpelhaft und als Steilpass auf die Konzernmanager verunglückt. Auch der Schiedsrichter vertritt in Konsultation mit der Welthandelsorganisation die Ansicht, die vorgeschlagenen Reformen seien zu radikal, und fälscht den Ball ins Seitenaus ab.

17. Minute. Einwurf für Eurasien. Die Gewerkschaften, der Dauerläufer im eurasischen Mittelfeld, wirft den Ball zur Polizei. Diese spielt den Ball zum Verfassungsgericht.
Die gegnerischen Stürmer sind schon wieder aufgerückt. Präsident und Konzernmanager attackieren das Verfassungsgericht aggressiv, um doch noch Zustimmung des Gegenspielers für ihr Wirtschaftssystem zu erhalten.

Doch ausgetrickst. Der Ball landet auf der rechten Seite bei der Presse. Das gelungene Manöver feiernd leitet sie den Ball an der vom Präsidenten abhängigen kapilarischen Notenbank vorbei zur eurasischen Forschung, die einen direkten Pass zu den Sozialen Bewegungen spielt.
Der Titel der neuen Angriffsbemühungen lautet „Autofreie Städte". Erstens soll damit die Lebensqualität gesteigert werden, zweitens richtet sich der Angriff gegen den kapilarischen „Way of Life". Unbegrenzte Freiheit wird in Kapilarika sehr pauschalisiert, mit „uneingeschränkter Bewegungsfreiheit per Auto" gleichgesetzt. Im Zweikampf mit der Police organisieren die Sozialen Bewegungen große Anti-Auto-Demonstrationen in Kapilarika. Die Police greift zwar mit Tränengas ein und so manche Auseinandersetzung mit den sitzstreikenden Sozialen Bewegungen artet in eine regelrechte Straßenschlacht aus, doch am Ende muss die kapilarische Police sich geschlagen geben. Die Sozialen Bewegungen stürmen auf der linken Außenbahn nach vorne und spielen einen geschickten Pass in die Mitte zum mitgelaufenen Auswärtigen Dienst. Alleine vor dem Torwart schiebt der Auswärtige Dienst den Ball an der Freiheit vorbei Richtung Torlinie. Das Gericht kommt herangekrätscht und klärt mit einer rigorosen Entscheidung, alle Autos in Kapilarika abzuschaffen, kurz vor der Torlinie zum Eckstoß.

18. Minute. Die Forschung spielt die Ecke auf den langen Pfosten. Der Auswärtige Dienst beschließt kurzfristig, keine Infrastruktur für Verkehr mehr an Kapilarika zu verkaufen. Keine Autos und keine Eisenbahn, die kapilarische Bevölkerung ist verängstigt. Der kurzfristige Hochtechnologieexportstopp nach Kapilarika schwächt aber auch die eurasischen Unternehmer so sehr, dass diese beim Kopfball nur die Latte trifft. Der Ball tropft in den zentralen Torraum zurück. Die auf internationale Finanzhoheit hoffenden Finanzjongleure schießen. Tor!
Halt! Abgepfiffen! Der Schiedsrichter entscheidet auf unfaires Spiel. Die Finanzjongleure sollen den Präsidenten bestochen bzw. sich aufgestützt haben. Beim Fußball nennt man das Wettbewerbsverzerrung – und der Schiri entscheidet zu Recht auf Freistoß für Kapilarika.

Was ist jetzt los? Auf dem Spielfeld entsteht ein Tumult. Aber, meine Herren, bitte! Es läuft gerade die 18. Spielminute. Der Schiedsrichter entwirrt

die Szene und zeigt dem wild schnaubenden kapilarischen Präsidenten und der heftig gestikulierenden eurasischen Gewerkschaft die Gelbe Karte.
19. Minute. Der kapilarische Torwart Freiheit führt den Freistoß kurz zu den Gerichten aus. Die kapilarischen Gerichte werden durch das aggressive „Vorchecking“ der Sozialen Bewegungen gestört.
Neues Spielthema ist die akzeptierte und vollstreckte Todesstrafe in Kapilarika. Die Gerichte scheinen auf ihr Traditionsgesetz pochen zu wollen und riskieren einen Beinschuss gegen die lautstark durch Demonstrationen und zivilen Ungehorsam protestierenden Sozialen Bewegungen. Doch diese reagieren zu schnell, bekommen den Ball unter Kontrolle und spielen einen Pass auf den in der Mitte lauernden Auswärtigen Dienst.
Der Auswärtige Dienst wittert die Chance, eurasischen Menschenrechten auch in Kapilarika, wo Todesstrafen tagtäglich vollzogen werden, zur Geltung zu verhelfen und zielt mit einem Direktschuss auf das lange Eck. Der kapilarische Torwart kann der eurasischen Argumentation nicht mit vernünftigen Worten entgegnen und schaut dem Ball machtlos hinterher. Tor! Tor! Tor! Ausgleich.
Die Eurasier gleichen in der 19. Spielminute im Überzahlspiel zum 1:1 aus. Der Auswärtige Dienst wird von den jubelnden Mitspielern umringt und zum Mittelpunkt getragen. Die Fans skandieren: „Wikos sinos Europeas! Wikos sinos Europeas!“ Und „Sieg! Sieg! Wir siegen!“

20. Minute. Der Schiri pfeift das Spiel wieder an.
Der etwas niedergeschlagen wirkende kapilarische Präsident bekommt den Ball von den Konzernmanagern zugespielt. Er passt den Ball zu der kapilarischen Notenbank, die den Ball sofort wieder zurückprallen lässt. Der Ball läuft weiter zur Police und zu den Gerichten – von der Leistung beider wird wohl der kommende Spielverlauf abhängen, ohne den Libero Wahl müssen Police und Gerichte die ganze Abwehrarbeit verrichten.
Der Ball landet auf der linken Seite bei der Massenindustrie. Verwirrt von dem kürzlichen Trubel um die Menschenrechte ist die Massenindustrie stark verunsichert und spielt den Ball weiter zu den Konzernmanagern. Diese wissen auch nicht so recht, was tun, und erhoffen sich von einem Pass auf den zentral positionierten Präsidenten ein wirksames Signal. Der Präsident zögert kurz und spielt dann einen Steilpass über die Abwehr in den Lauf der Army. Die Army will gerade mit einem Vergeltungsschlag gegen Eurasien

in Form eines Solos agieren, als die eurasische Presse dies mit einer Verleumdungskampagne in Form einer Grätsche verhindert. Der Ball landet im Seitenaus.
21. Minute. Einwurf Kapilarika. Die aufgerückte kapilarische Notenbank wirft enorme Geldmengen auf den Markt und stürmt mit den neu motivierten Konzernmanagern auf der rechten Außenbahn nach vorne. In der Mitte läuft der Präsident mit. Er versucht, die Zügel wieder in die Hand zu nehmen und bekommt den Ball cirka zehn Meter hinter der Mittellinie von den Konzernmanagern zugespielt. Er gibt den Brokern ein Zeichen, sich in Stellung zu bringen und spielt sie kurz an. Diese lassen den Ball zurücktropfen. Der Präsident schießt aus 35 Metern direkt. Daneben. Das Grundgesetz muss dieses Mal nicht eingreifen, um ein Tor zu verhindern. Abstoß.

Gottesstaat, Dschihads und die Fundias

22. Spielminute. Die dritte Mannschaft tritt in das Spiel ein. Die Fundias werden auf den Platz geschickt. Es ist das erste Mal, dass bei einem Weltmeisterschaftsendspiel die so genannte Mehrmannschaftsprojektion benutzt wird. Das neue Ergebnis lautet 1:1:0.

Die Fundias spielen in folgender Aufstellung: Im fundischen Tor steht der Gottesstaat. Geschützt wird der durch eine dicht gestaffelte Abwehr, die von den beiden Quasi-Liberos Religionsgesetz und Glaubensgemeinschaft zusammengehalten wird. Nur wer der Religion nicht widerspricht, wird respektiert. Zusammen mit ihrem, auch privat besten, Kumpel Religionsgesetz ist es Hauptaufgabe der Glaubensgemeinschaft, den Schutz des Gottesstaates sicherzustellen. Geholfen wird den beiden Quasi-Liberos auf der Position des zentralen Vorstoppers vom Führer, dem menschlichen Oberhaupt der Glaubensgemeinschaft.
Auf den Außenpositionen verteidigt das Fußvolk. In der modernen Sprache setzt es sich aus den Stadtarbeitern und den Kameltreibern zusammen. Beide sind sie beidfüßig. Die Stadtarbeiter kommen oft aus anderen Weltregionen, insbesondere aus Asia. Doch in Fundia verdienen sie ihr Geld, mehr Geld als in ihrer Heimat. Diesen Segen sind sie bereit zu verteidigen. Sie sind dafür bekannt, sich nie geschlagen zu geben. Ständig tauchen sie wieder auf. Sie sind nahezu unermüdbar.

Die Kameltreiber sind ebenfalls für ihre unermüdliche Wühlarbeit bekannt. Ihnen geht nie die Luft aus und sind deswegen vor allem in den Schlussminuten immer für einen Angriff gut, mag es eine Flanke oder ein Solo sein.
Im zentralen offensiven Bereich spielen die Rohstoffe, Motor des fundischen Spiels. Mit der Tagesform der Rohstoffe fällt und steht das fundische Spiel nach vorne. Die Außenläufer Intellektuelle und Millionäre sind auf die Pässe der Rohstoffe angewiesen. Mit ihrer Hilfe können sich die Intellektuellen und die Millionäre Wohlstand leisten und ihr Leben angenehm gestalten. Sowohl die Intellektuellen als auch die Millionäre sind für ihre Spielfreude und Kreativität bekannt.
Allerdings, wie gesagt, klappt das Zusammenspiel mit den Rohstoffen nicht, wirken beide oft hilflos. Die Mittelfeldachse funktioniert am besten, wenn die Rohstoffe Geld bringen, die Millionäre überall auf der Welt einkaufen und das Inland mit Gütern versorgen, und die Intellektuellen das Inland mit heiterem Leben füllen.
Leider mangelt es dem Trainer an wirklich qualifizierten Stürmern. Daher greift er auf die extremistischen Ausbildungslager als hängende Spitze und die Dschihads als vorderste Unruhestifter zurück. Zusammen sind sie immer für ein Überraschungstor gut. Meistens schlagen sie unerwartet zu. Oft dann, wenn keiner mit ihnen rechnet. Für die gegnerischen Abwehrspieler sind sie unberechenbar. Sie warten seelenruhig an der Mittellinie, um Sekunden später im 16er aufzutauchen und den Torwart in ernsthafte Schwierigkeiten zu bringen. Mal sehen, was heute passiert.

23. Minute. Abstoß für Eurasien. Das Grundgesetz befördert den Ball mit einem straffen Spannstoß in die rechte Hälfte der gegnerischen Seite. Die kapilarischen Konzernmanager stoppen den Ball. In geschickter Zusammenarbeit mit den fundischen Rohstoffen treiben sie den Ball zurück in die eurasische Hälfte.
Der Auswärtige Dienst protestiert heftig und verlangt eine Beteiligung der eurasischen Unternehmer an den nahöstlichen Erdölreserven. Die fundischen Rohstofflieferanten scheinen zu überlegen, ob sie die Kooperation wechseln sollen, als die kapilarischen Konzernmanager den Ball zu ihrem Präsidenten spielen.
Der Präsident spielt den Ball zur Massenindustrie und fordert diese auf, die fundische Bevölkerung mit mehr kapilarischen Gütern zu Vorzugspreisen

zu versorgen. Im Tausch dafür könnte Kapilarika den Inputstoff Nummer 1 ihres Gesellschaftssystems Erdöl sichern und weiterhin erhalten. Die Masseindustrie entspricht diesem Wunsch.
Der Ball landet auf der rechten Außenbahn bei den fundischen Intellektuellen. Da diesen eine Anspielmöglichkeit auf ihre sich bisher unscheinbar verhaltenden Stürmer fehlt, stoppen die Intellektuellen den Ball.
Die eurasische Presse startet eine große Werbekampagne für die eurasische Zivilisation. Zusammen mit dem Auswärtigen Dienst versucht die eurasische Presse, die Fundias davon zu überzeugen, Eurasien am Rohstoffgeschäft teilhaben zu lassen. Als Anreiz bieten beide neben den üblichen Gebrauchsgütern auch stabile politische Beziehungen an.
Die fundischen Intellektuellen, zu schwach, eine Entscheidung zu treffen, spielen den Ball zu dem Führer. Der Führer verlangt vom Auswärtigen Dienst die Aberkennung des Status Israels als Staat. Aufgrund von schrecklichen Geschehnissen in der jüngeren Geschichte von Eurasien weigern sich natürlich die Eurasier. Auch Kapilarika nimmt von dieser Proklamation Abstand. Das Spiel plätschert einige Minuten dahin. Erst in der 27. Minute einigen sich Kapilarika und Eurasien auf einen gemeinsamen Pakt gegen die Fundias.

Trotz angespannter Situation auf dem internationalen Rohstoffweltmarkt möchten Eurasien und Kapilarika einen weltweiten Boykott fundischer Rohstoffe organisieren. Dies tun sie auch, um die israelische Enklave im fundischen Gebiet zu unterstützen. Diese ist ihnen sehr wertvoll.
Die Bevölkerung der Fundias reagiert erbost, doch mangels Durchsetzungsvermögen können die Fundias ihre Wut nicht in Offensivarbeit ummünzen. Dem Führer bleibt, bedrängt vom kapilarischen Präsidenten und dem eurasischen Auswärtigen Dienst, nur die Flucht nach vorne.
Der Führer schlägt einen weiten Pass in die Sturmspitze. Die Ausbildungslager erwischen den Ball mit dem Kopf und legen ihn quer auf die Dschihads. Diese nehmen den Ball per Drop-Kick und schießen. Tor! In Höhe des 16ers haben sie vor der eurasischen Polizei den Ball erwischt und geschossen. Tor! Doch ein Pfiff. Der Linienrichter hat die Fahne gehoben und er entscheidet auf Abseits. Glück für Eurasien und Kapilarika. Die Situation wurde mit einer gehörigen Portion Glück entschärft.

28. Minute. Eurasien ist im Ballbesitz. Internationale Alarmstufe wird ausgerufen, denn die Dschihadstürmer sind unberechenbar. Sie können immer und von überall treffen. Man kann sie nicht vollständig ausschalten.
Das Grundgesetz spielt den Ball zum Auswärtigen Dienst in zentraler Position. Dieser spricht mit dem kapilarischen Präsidenten. In jeder Zeitung werden die beiden mit Handschlag abgebildet. Sie schließen den so genannten „Sicherheitspakt" gegen die fundischen Dschihads und Ausbildungslager. Sondertruppen der eurasischen Polizei werden der kapilarischen Army unterstellt, um zusammen schlagkräftiger zu sein.
Die Wirtschaftsbosse und Geldgiganten beider Teams werfen ihre Stärken zusammen. Sie ziehen ihr Kapital aus den nahöstlichen Gebieten und erheben einen vollkommenen Stopp aller Exporte zu den Fundias. Eurasische Forschung und kapilarische Think-Tanks werfen ihre Kenntnisse zusammen und entdecken einen neuen Energielieferanten. Sie nennen es das Sonnensystem und können sich nun unabhängig von den fundischen Rohstoffen machen.
Mit diesem Rückenwind treibt der eurasische Auswärtige Dienst zusammen mit dem kapilarischen Präsidenten den Ball nach vorne. Die fundischen Mittelfeldagenten staffeln sich um ihren 16er. Intellektuelle und Millionäre, geschäftlich stets konzentriert auf den Import- und Exportmarkt, werden von dem gegnerischen Angriff als Erstes getroffen. Der Boykott zerstört das Geschäft. In der Folge werden die Stadtarbeiter mit fehlenden Beschäftigungsmöglichkeiten und verteuerten Lebensmitteln konfrontiert.
Einzig die Kameltreiber bieten den eurasischen und kapilarischen Spielern vor der Mittellinie Parole.
Ausbildungslager und Dschihadstürmer warten in der Nähe des eurasischen Torhüters. Sie sind die eigentlich Gesuchten. Doch sie sind so unscheinbar, dass selbst das eigene Team sie nur schwer erkennt.
Die auf der rechten Seite verteidigenden fundischen Kameltreiber werden von den eurasischen und kapilarischen Stürmern leicht überrannt. Auf halbrechter Position steht der eurasische Auswärtige Dienst nun den fundischen Stadtarbeitern gegenüber. Die Stadtarbeiter werden von ihm getunnelt. Dabei bleibt er an deren gestreckten Beinen hängen. Es gibt nun Freistoß von halbrechter Position.
Am 16er beschuldigt der Präsident die fundische Führung, seine Untergebenen gegen Kapilarika aufzustacheln. Der Führer dreht beleidigt zur Seite

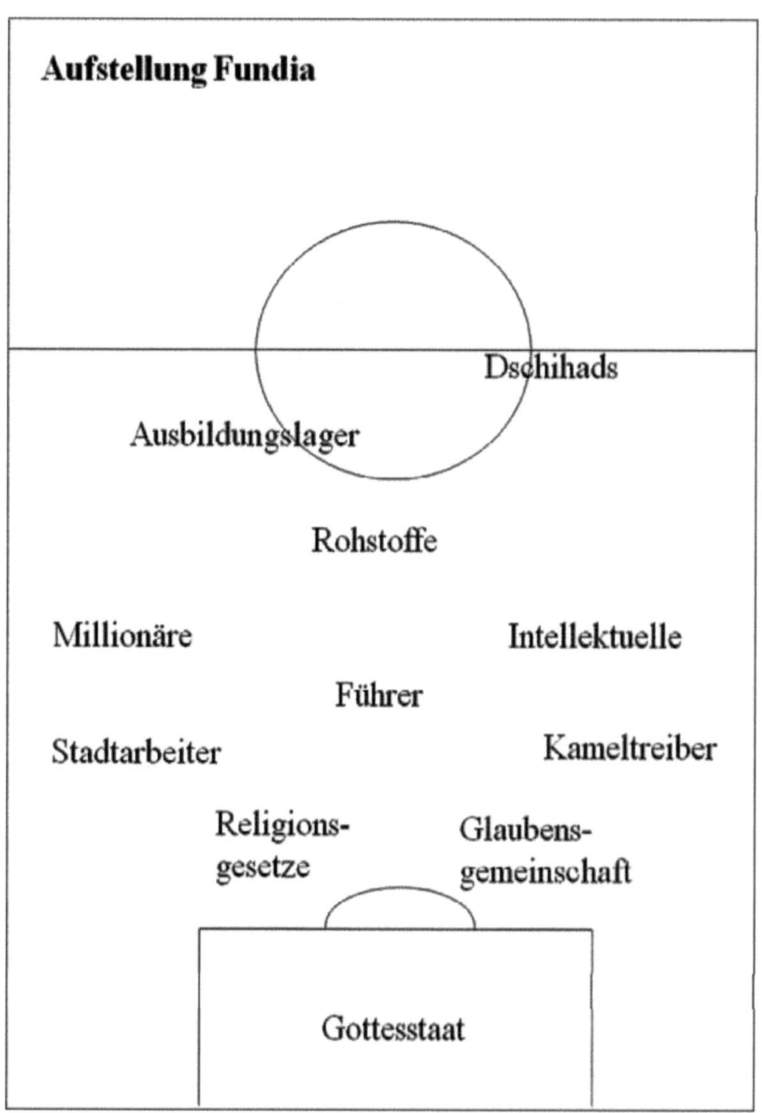
Aufstellung Fundia
Dschihads
Ausbildungslager
Rohstoffe
Millionäre
Intellektuelle
Führer
Stadtarbeiter
Kameltreiber
Religions-
gesetze
Glaubens-
gemeinschaft
Gottesstaat

und beginnt, seine Mitspieler anzuschreien: „Wir müssen zusammenhalten! Du, Religionsgesetz, du gehst zur Army. Du, Millionär, du deckst die Konzernmanager. Ihr, Intellektuelle, ihr nehmt die Broker. Du, Glaubensgemeinschaft, du übernimmst die Position des letzten Mannes. Und ich schalte diese beiden Herren aus! Torwart, aufpassen!"
Am 16-Meter-Raum hat sich ein Pulk gebildet.

29. Minute. Die eurasische Presse unterstützt den Boykott der in Eurasien ungeliebten Fundias mit voller Überzeugung und bekommt die Ehre, den Freistoß auszuführen. Wird der Ball auf den kurzen oder auf den langen Pfosten gezogen? Wer soll zum Köpfen kommen? Die Spieler zupfen sich gegenseitig an den Trikots. Der Ball kommt mit einem starken Linkseffekt in bester Manni-Kalz-Manier in den Strafraum. Die Spieler laufen in Position. Die Army läuft Richtung kurzer Pfosten. Die Konzernmanager warten am hinteren Fünf-Meter-Raum. Die Spekulanten attackieren den Torwart. Der Präsident kommt am Fünf-Meter-Raum zum Kopfball. Er köpft Richtung Tor und streckt schon die Arme gegen den Himmel, als der Pfiff des Schiedsrichters ertönt.
Erschrocken schaut sich der Präsident um. Er bemerkt, dass weit und breit kein Gegenspieler zu sehen ist. Der Führer hatte seine Mitspieler zur Einheit aufgerufen. Sie sollten sich geschlossen für den Torwart Gottesstaat einsetzen, damit ja kein Gegentor fiele. *Wir müssen zusammenhalten* war die Devise, *Torwart, aufpassen* das Signal. Alle Verteidiger traten kurz vor dem Freistoß einfach einen Schritt nach vorne. Abseits.
Entsetzen breitet sich unter den eurasischen und kapilarischen Stürmern aus. Damit hatten sie nicht gerechnet. Alle fundischen Spieler sind sich darüber einig, dass die Torsicherung wichtiger sei als die durch den Handelsboykott verloren gehenden Handelsgüter. Geschlossen beschließen die Fundias, ihren Gottesstaat zu schützen und lieber autark als unter Fremdherrschaft zu leben. Die Kameltreiber helfen den Intellektuellen. Mithilfe der Stadtarbeiter wird der Binnenmarkt organisiert. Die Millionäre leiten das alles. Ein Schritt vor – und nun steht der Gottesstaat zum Freistoß an der Strafraumgrenze; alles ist bereit für einen Überraschungsangriff der Fundias.

30. Minute. Aufgemuntert durch diesen Teilerfolg führt der Gottesstaat den Freistoß schnell und kurz zu den Religionsgesetzen aus. Die Religionsge-

setze spielen weiter zur Glaubensgemeinschaft. Die Glaubensgemeinschaft lässt den Ball zurückprallen und die Religionsgesetze setzen zum Spiel nach vorne an.
Doch schon in der Mitte der eigenen Hälfte werden die Religionsgesetze durch das aggressive Vorchecking Kapilarikas und Eurasiens gestört. Die Religionsgesetze spielen den Ball auf die rechte Außenseite zu den sich anbietenden Intellektuellen.
Die Intellektuellen sind stolz auf den Erfolg der fundischen Glaubensgemeinschaft, die auf den Religionsgesetzen basiert, und bieten ihre Hilfe an. Im Ballbesitz nun, sehen sie sich auf halbrechter Position westeurasischen Unternehmern und Finanzjongleuren gegenüber. Da die Millionäre von der eurasischen Polizei gedeckt werden, bleibt keine vernünftige Alternative zum Kurzpassspiel und die Intellektuellen schlagen den Ball weit nach vorne.
Der Ball landet in zentraler Position am gegnerischen 16-Meter-Raum, die kapilarische Army ist bereits zurückgeeilt. Trotzdem kann das fundische Ausbildungslager seine Lufthoheit unter Beweis stellen und das Kopfballduell gewinnen. Die Ausbildungslager köpfen den Ball quer zu den Dschihad-Stürmern.
Die Dschihads kommen aus dem Rückhalt herangestürmt. Geschickt haben sie mit den Stadtarbeitern und den Kameltreibern am Mittelkreis gewartet, weder Forschung noch Notenbank können mit ihrem schnellen Schritt standhalten.
Der Präsident und der Auswärtige Dienst haben sich auf die kapilarischen Gerichte verlassen, auf deren Einreisestopp für alle Fundias. Alle weiteren kapilarischen und eurasischen Verteidiger konzentrieren sich auf die Rohstoffe. Doch die Dschihads gewinnen das Laufduell mit den Gerichten. Klar, denn Terroristen lassen sich nie von Gesetzen aufhalten! Die Dschihads kommen an der 16er-Linie in Höhe des rechten Torpfostens als Erste an den Ball. Das Verfassungsgericht versucht per Aufhebung der Religionsfreiheit, die Stürmer zum Stillstand zu zwingen. Erfolglos! Die Dschihads legen den Ball per Übersteiger rechts am Verteidiger vorbei und kommen cirka zehn Meter vor dem Tor zum Schuss. Gespannt warten die beiden Torhüter Freiheit und Grundgesetz auf den Schuss. Wird ein Tor fallen?
Fulminanter Spann-Schlag! Tor!

31. Minute. 1:1:1. Die Dschihads säbeln der Freiheitsstatue in New York den Kopf ab und landen mit einem gekaperten Flugzeug einen Volltreffer in einem kapilarischen Hochhaus. In Europa legen sie zwei Bomben. Im Ganzen kostet der Anschlag 2000 Humaneinheiten, acht Milliarden Petrodollar und natürlich ein Gegentor.
Die Spieler der kapilarischen und eurasischen Mannschaft sind wütend. Im wahrsten Sinne des Wortes, es ist unglaublich, sie sind böse überrascht worden!
Sofort schreitet der kapilarische Präsident zu einer Presseerklärung und verkündet etliche Präventivmaßnahmen, u. a. verstärkte Grenzkontrollen und die Abbildung des Fingerabdrucks im Personalausweis. Weiter wird die Police sowohl personell als auch materiell verstärkt ausgestattet. Die Bürger stehen nun ständig unter Kontrolle. Das Reisen wird erschwert. Weitreichende Forderungen, doch die Änderungen sind wichtig und das eurasische Verfassungsgericht stimmt ohne Meckerei den Änderungen auch im eurasischen Grundgesetz zu.
Ein Teil der kapilarischen Fans tobt! „Präsident, raus! Präsident, raus! Wir wollen Wahl!“, fordern sie das Unmögliche. Die fundischen Anhänger kennen dazu nur eine Meinung: „Üben! Üben! Üben!“
In der Zwischenzeit hat sich der Pulk von fundischen Spielern aufgelöst. Nach dem Torerfolg sind alle Spieler auf den Torschützen gesprungen und haben eine riesige Traube gebildet. Nun, nach 38 gespielten Minuten steht es zwischen Eurasien, Kapilarika und den Fundias 1:1:1.

Ehre den Asiaten

32. Spielminute. Der Schiedsrichter will gerade die Partie wieder anpfeifen, als er über die Stadionlautsprecher eine Nachricht vom UN-Sicherheitsrat empfängt. Eine vierte Mannschaft soll am Spiel teilnehmen: die Asiaten.
Durch den Lautsprecher wird die Mannschaft der Asiaten kurz vorgestellt. Im Tor spielt die althergebrachte Ordnung. Die aber kann nur erfolgreich spielen, wenn sich alle Mitspieler nach ihr richteten. Die althergebrachte Ordnung besitzt also eine ähnliche Autorität wie das eurasische Grundgesetz. Genauso wie das Grundgesetz gibt sie den Rahmen des Handlungsspielraums vor und entscheidet, auf was bei tagespolitischen Entscheidungen geachtet werden muss.

Der erste Interpret der althergebrachten Ordnung ist der Parteivorstand. Er versucht, aus der althergebrachten Ordnung aktuelle, die Richtung weisende, Entscheidungen abzuleiten, um so seine Partei und die gesamte asiatische Bevölkerung weise zu führen.
In der Abwehr unterstützt wird der Parteivorstand durch seine Manndecker Parteimitglieder und Loyalität. Die Parteimitglieder bilden eine regelrechte Mauer in der Abwehr, die gegnerischen Stürmern kaum ein Durchkommen lässt. Auch sind die Parteimitglieder fast vollkommen immun gegen Täuschungsmanöver und fallen selbst auf kreative Tricks der Gegner kaum herein. Die Parteimitglieder sind der althergebrachten Ordnung sehr verbunden.
Der zweite Manndecker ist zwar kein Parteimitglied, aber ohne Loyalität würde das asiatische Gesellschaftssystem nicht funktionieren. Denn die asiatische Bevölkerung eint gerade die Loyalität zu der althergebrachten Ordnung, nach der sich das Volk der Asiaten seit jeher als Mittelpunkt der Erde betrachtet.
Niemals in der Geschichte waren die Asiaten auf territoriale Expansion bedacht, die Asiaten richten sich vielmehr nach innen, mit dem Ziel, die Perfektheit des Kosmos zu kopieren. Daher spielt das Militär nicht Stürmer, sondern Vorstopper. Seine Aufgabe ist es, Fehler der Manndecker auszugleichen und die gegnerischen Angriffe möglichst schon vor dem 16er zu zerstören. Das Militär arbeitet sehr gut mit dem Parteivorstand zusammen, der eine Quasi-Verfügungsgewalt über das Militär besitzt.
Im Offensivbereich agieren die Asiaten mit je zwei Flügelspielern, einem Spielmacher Figur und einer Vollspitze. Die linke Seite teilen sich die Grundindustrie und der Massenmarkt. Die Grundindustrie versorgt das Team mit den wirklich lebensnotwendigen Gütern. Im Spiel äußert sich das durch unermüdliche Zuspiele auf ihre Mannschaftskollegen. Auch schafft es die autark funktionierende Grundindustrie, so manches Wirtschaftsembargo zu egalisieren.
Der Massenmarkt bietet einen großen Absatzmarkt für die Grundindustrie und bekommt schon allein deswegen von dieser viele Bälle zugespielt. Der starke asiatische Massenmarkt ist aber auch interessant für andere Teams. Oft ist der riesige asiatische Absatzmarkt Grund dafür, dass andere Teams sich um Kooperationen mit den Asiaten bemühen. Gleichzeitig kann der Massenmarkt bei gegebener Konstellation aber auch als Druckmittel dienen.

Auf der rechten Seite spielen die Esoterik und die Ausdauer. Die Esoterik ist bei den Asiaten sehr beliebt. Zum einen wird die Esoterik als Staatsphilosophie und zum anderen als Wegweiser im privaten Leben akzeptiert. Aus der Esoterik schöpft das Team Kraft. Sie ist unermüdlicher Antreiber und Ideengeber. Selbst bei hohen Rückständen verliert die Esoterik die Hoffnung auf den Sieg nicht. Manchmal geht ihr Ehrgeiz aber auch nach hinten los. Es sei an die letzten Demonstrationen auf dem Platz des Friedens erinnert, die in ein heftiges Wortgefecht mit dem Parteivorstand ausarteten.
Anstatt klein beizugeben, hat die Esoterik auf ihrem Recht beharrt. Bis schließlich der Parteivorstand das Militär zur Hilfe gerufen hat, um seine Auslegung der althergebrachten Ordnung zu schützen und den Ballverlust der Esoterik auszugleichen.
Auch die Ausdauer ist für ihre große Kampfkraft bekannt. Sie rennt bis zur 90. Minute, gibt nie auf. Wenn sie sich in den Kopf gesetzt hat, etwas zu erreichen, dann setzt sie alle Mittel daran, es zu realisieren. Unermüdlich startet die Ausdauer Angriffsversuche und schlägt eine Flanke nach der nächsten. Wir werden erleben, wie viele Bälle sie zugespielt bekommt und was sie aus ihnen macht. Im zentralen Mittelfeld, nach hinten durch das Militär abgeschirmt, spielt die asiatische Wissenschaft. Die asiatische Wissenschaft spielt erst seit dieser Saison auf zentraler Spielmacherposition, doch bisher hat sie sich gut bewährt. Mit dem Zuspielen der Grundindustrie weiß sie gut umzugehen und im Zusammenspiel mit Ausdauer und Esoterik hat sie bereits ihre Torgefährlichkeit unter Beweis gestellt. Zwar spielt die asiatische Wissenschaft nicht den klassischen Spielmacher wie der Präsident der Kapilaren oder der Auswärtige Dienst bei den Eurasiern, doch ihre Kampfkraft und ihr Spielwitz geben Anlass, viele Überraschungen zu erwarten. Im asiatischen Sturm spielt die Reproduktion. Sie rackert unermüdlich und steht den gegnerischen Verteidigern ständig auf den Füßen. Sie ist unheimlich schwer auszuschalten. Mit den übrigen Mitspielern spielt sie gut zusammen.

33. Minute. Nun, weiter geht das Spiel. Die noch frische Mannschaft der Asiaten hat Anstoß. Sogleich schließen die Asiaten mit der soeben erst durch einen Torerfolg gestärkten Mannschaft der Fundias einen Nichtangriffspakt.

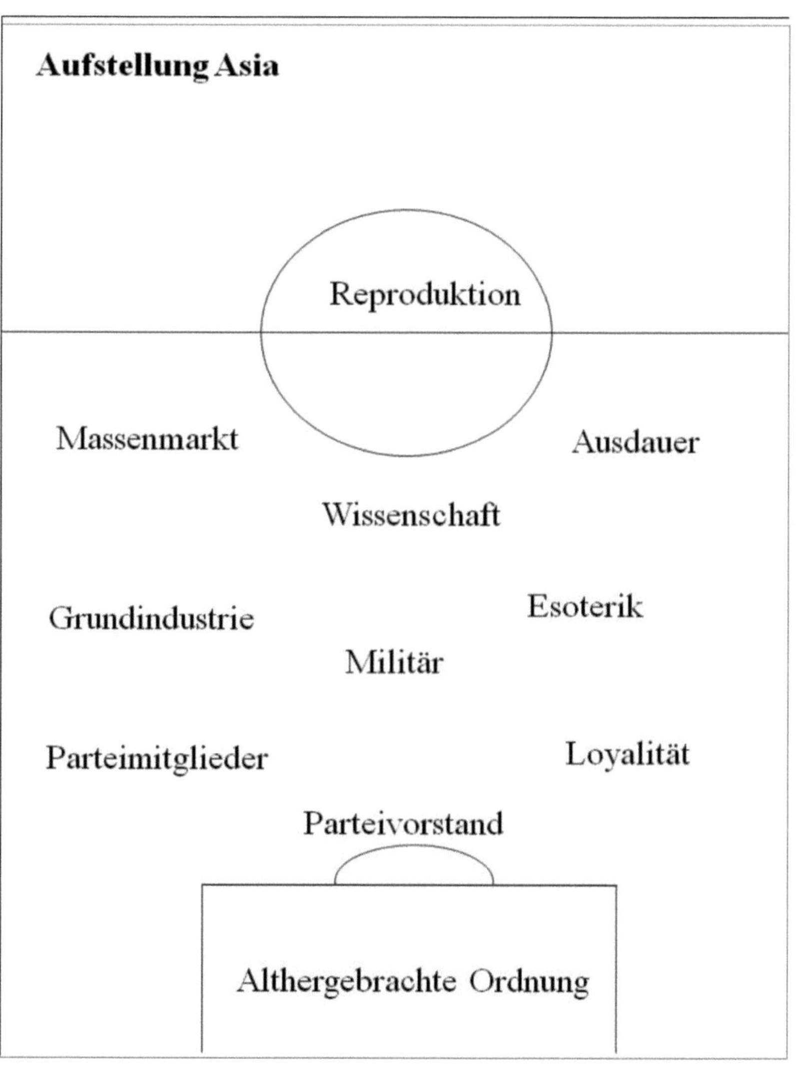
Aufstellung Asia
Reproduktion
Massenmarkt
Ausdauer
Wissenschaft
Grundindustrie
Esoterik
Militär
Parteimitglieder
Loyalität
Parteivorstand
Althergebrachte Ordnung

Der fundische Führer verspricht, keine Steilpässe in asiatisches Gebiet auf seine Dschihads zu schlagen. Im Gegenzug verspricht der Parteivorstand, seiner Reproduktivität zu verbieten, im fundischen Gebiet tätig zu sein. Ein fairer Pakt, zumal in eurasischen und kapilarischen Gebieten die Anzahl an asiatischen Restaurants steil ansteigt und die einheimischen Gastronomen die Kunden wegschnappen.
Weiter verspricht die Esoterik, die Religionsgesetze nicht zu attackieren, und die fundischen Millionäre versprechen, die Güter der asiatischen Grundindustrie zu erwerben. Die asiatische Reproduktion spielt den Anstoß auf den asiatischen Mittelfeldspieler Ausdauer. Die Ausdauer lässt ihn zurück auf die asiatische Wissenschaft prallen.
Der eurasische Auswärtige Dienst hat gehofft, für seine riesigen Weizen- und Fleischvorräte einen Absatzmarkt in Asia zu erhalten. Doch die asiatische Wissenschaft ist schneller. Die Asiaten können einer eurasischen Abhängigkeit entgehen, da die asiatische Wissenschaft einen Superdünger entwickelt hat, der eine zweifache Ernte im Jahr ermöglicht. Pech für Eurasien, denn der angreifende eurasische Auswärtige Dienst wird von der asiatischen Wissenschaft im Doppelpass mit dem Massenmarkt ausgespielt.
Die eurasische Forschung, eifersüchtig auf diese neue Technologie der Asiaten, möchte in den Besitz des neuen Wissens kommen. Die eurasische Forschung verkleidet die Sozialen Bewegungen als Spione und schickt sie gegen die asiatische Wissenschaft. Doch der Schwindel fliegt auf und im Sprintduell an der linken Außenbahn kann die asiatische Wissenschaft nicht von den eurasischen Sozialen Bewegungen gestoppt werden.
Der Ball befindet sich in halblinker Position, cirka 35 Meter vor dem eurasischen Tor. Die eurasische Forschung attackiert die asiatische Wissenschaft. Verzweifelt versuchen die Eurasier, in den Besitz der neuen Zauberformel zu kommen. Ohne Erfolg. Jeglicher von den Eurasiern angebotene Technologietransfer wird von den Asiaten abgelehnt. Schließlich umtanzt der asiatische Spieler den eurasischen Counterpart mit Leichtigkeit. Letzte Möglichkeit für die eurasische Forschung, den Gegner zu stoppen, ist eine Grätsche von hinten. Aua, wenn das nicht weh tut! Foul.
Der Asiate liegt, sich krümmend, am Boden. Das war nicht fair und das hat wehgetan. Der Schiri kommt angerannt und zeigt der eurasischen Forschung die Gelbe Karte. „Meine Herren, bitte. Schließlich ist das doch Sport und kein Krieg“, scheint er zu signalisieren.

34. Minute. Freistoß. Das asiatische Militär führt aus. Es spielt den Ball unter Berufung auf die nationale Identität halbhoch auf die rechte Seite zur Esoterik. Diese dankt für die Erinnerung an die Einheit des Teams und lässt den Ball volley vorbei an der kapilarischen Notenbank zur Ausdauer prallen.

Die Ausdauer kündigt das ewige Bestehen der asiatischen Region an. Man werde alles dafür tun, um die Eintracht zu wahren, wie es seit jeher der Fall ist. Mit diesen Worten setzt die Ausdauer zum Flankenlauf an. Sie muss sich im Zweikampf mit der eurasischen Presse beweisen, die solche propagandistischen Aussagen eines asiatischen Spielers auf eurasischem Territorium nicht akzeptiert. Vor dem 16er versucht die eurasische Polizei, die stetig andauernde Invasion der asiatischen Bevölkerung in eurasisches Territorium aufzuhalten. Den Schlüssel dafür erkennt die Polizei zu Recht in der Position der Reproduktion.

Das Verfassungsgericht versucht zu helfen. Doch die Reproduktion ist geschickt. Mit ständig neuen illegalen Einwanderern und zahlenmäßigen Körpertäuschungen stiftet die Reproduktion ständig neue Unordnung. Am 16er bieten sich auch der asiatische Massenmarkt und das asiatische Militär an.

Der eurasische Auswärtige Dienst ruft die kapilarische Army zu Hilfe, um sich um deren asiatischen Counterpart zu kümmern. Die Forschung deckt ihresgleichen und die Sozialen Bewegungen versuchen, mit einer Kampagne gegen asiatische Güter deren Grundindustrie auszuschalten. Der Auswärtige Dienst spielt den freien Mann an und wirft einen warnenden Blick auf den asiatischen Massenmarkt. An der Mittellinie stehen die eurasischen Stürmer, gedeckt durch Parteimitglieder und Loyalität, auf eine eventuelle Kontermöglichkeit wartend.

Die eurasische Presse kann zwar zunächst den Ball durch ihr andauerndes Getöse vom unfairen Spiel erobern, doch schon wenige Augenblicke später verliert sie den Ball wieder an die hartnäckig nachhakende asiatische Ausdauer. Die Ausdauer erreicht die Grundlinie und schlägt eine scharfe Spannflanke Richtung Elfer. Das Verfassungsgericht fliegt bei seinem Rettungsversuch an dem Ball vorbei. Die Polizei hat gegen die Antrittsgeschwindigkeit der Reproduktion keine Chance. Die Reproduktion setzt zum Flugkopfball an. Aber das Grundgesetz, das die ganze Szene erschrocken beobachtet hat, verweist auf die Einreisebestimmungen und weist eine strikte Ausweisung aller illegal in Eurasien lebenden asiatischen Fans an und fängt den Ball herunter.

35. Minute. Sofort geht es zum Gegenangriff über. Mit dem Ball läuft das Grundgesetz, die Drei-Sekunden-Regel nutzend, zur Strafraumgrenze und riskiert einen weiten Abschlag. Gleichzeitig geht es einen politischen Schritt weiter und verbietet dem eurasischen Grundgesetz in Absprache mit dem Verfassungsgericht jegliche Anwesenheit asiatischer Staatsbürger auf eurasischem Territorium.
Der Ball landet in halblinker Sturmspitze bei den eurasischen Unternehmern. Der asiatische Parteivorstand gibt Anweisungen, die Unternehmer nicht in den 16er zu lassen. Die Parteimitglieder geben das weiter, ohne allerdings Gehör zu finden. Die eurasichen Unternehmer schwanzen die Parteimitglieder aus und orientiert sich Richtung 16er. Der Parteivorstand ruft die fundische Glaubensgemeinschaft zu Hilfe. Diese weigert sich, mit einem Verweis auf die dringend benötigten eurasischen Infrastrukturtechnologien, einzugreifen.
Vor Selbstbewusstsein strotzend kündigen die eurasischen unternehmer Werbemaßnahmen für ihre Güter an, um der Loyalität und althergebrachten Ordnung der Asiaten auf die eurasische Seite zu bringen. Als Werbemedium dient das Fernsehen, auch in Asia wird BBC geschaut: In den Werbespots werden nun Asiaten gezeigt, die eurasische Kaugummis kauen und BMW fahren. Die Werbespots kommen gut an. Das Bedürfnis nach eurasischen Luxusgütern steigt. Die heimische asiatische Grundindustrie verliert an Wert. Der Parteivorstand macht seine Teamgefährten lautstark auf ihren Irrweg aufmerksam, doch die Loyalität wird langsamer und langsamer. Mit einem Übersteiger legen die eurasischen Unternehmer den Ball an dem Parteivorstand vorbei und spielt flach auf die in der Mitte mitgelaufenen Finanzjongleure. Die Finanzjongleure haben das Laufduell gegen die Loyalität gewonnen und befinden sich nun einen Tick näher am Ball. Sie setzen zu einem gezielten Innenrissstoß an.
Doch was ist das? Der Ball verspringt sich. Ein Platzfehler. Der Ball springt über den Fuß des Stürmers. Die Chance ist zunichte und der Ball läuft unberührt quer durch den 16er auf die rechte Seite. Dort gewinnt die Esoterik das Laufduell gegen die eurasische Notenbank und treibt, den Gegenspieler im Rücken, den Ball Richtung Torauslinie. Die Notenbank versucht, ihren

Mitspielern wieder Konzentration einzuflößen und fordert lautstark zur Geschlossenheit auf.
An der Eckfahne befindet sich die Esoterik nun in direktem Zweikampf mit der Notenbank. Soll sie den Gegner ausschwanzen, anschießen oder einen Befreiungsschlag riskieren? Sie entscheidet sich für die zweite Variante. Abstoß.

36. Minute. Die asiatische althergebrachte Ordnung führt den Abstoß kurz zum Parteivorstand aus. Dieser nutzt den Augenblick der Ruhe, um seinem Team die Leviten zu lesen. Damit die Mitspieler wieder Ballsicherheit gewinnen, wird der Ball in der Verteidigung quer gespielt. Der Parteivorstand spielt den Ball auf die rechte Verteidigerposition zu den Parteimitgliedern. Diese spielen zurück, der Ball landet auf der linken Seite bei der Loyalität.
Zum Ausruhen ist keine Zeit. Schon attackiert die kapilarische Army die asiatische Loyalität. Heftige Schmährufe werden ausgetauscht. Die kapilarische Army droht mit einer brutalen Grätsche, falls der Ball nicht freiwillig abgegeben wird. Doch die Loyalität lässt sich nicht einschüchtern und spielt den Ball die Linie entlang zur Esoterik.
Dort wird die asiatische Esoterik von den kapilarischen Think-Tanks angegriffen. Angriffsinhalt sind Untersuchungen, die beweisen, dass die gefundene chemische Düngerformel zu einer höheren Anzahl von Fehlgeburten führt. Die kapilarische Behauptung scheint wissenschaftlich fundiert. Die Esoterik möchte das nicht zugeben. Da die Wahrheit bekanntlich stärker als eine schlechte Lüge ist, wird die Esoterik an die Außenlinie gedrängt und kann nur noch einen letzten verzweifelten Versuch unternehmen, sich gegen die kapilarischen Think-Tanks zu wehren.
Die Esoterik fordert ihr Volk auf, geschlossen an die Weisheit der althergebrachten Ordnung zu glauben und den westlichen Lügen zu widerstehen.
Misserfolg. Das asiatische Volk ist durch Informationen aus dem Internet bereits aufgeklärt. Der versuchte Beinschuss bleibt in den Füßen der kapilarischen Think-Tanks hängen. Diese orientieren sich nun ihrerseits nach vorne und legen den Ball links an der Esoterik vorbei und spielen den Ball auf den sich zentral anbietenden Präsidenten. Der kapilarische Präsident stoppt den Ball in aller Ruhe und schaut sich erst einmal um. Er hält den Ball erst mal genüsslich zweimal hoch, als wolle er sagen: „Seht her! Wir sind halt doch die Schlausten!“ Lange kann er dieses Spiel jedoch nicht

machen. Er wird von dem asiatischen Militär angegriffen, das eine solche Hochnäsigkeit nicht durchgehen lassen will.
Die kapilarische Army bietet sich in der Spitze an und bezeugt ihren Willen zum Kurzpassspiel. Tatsächlich geht der Präsident darauf ein und spielt den Ball vorbei an dem asiatischen Militär in die Spitze. Die kapilarische Army lässt den Ball kurz prallen. Klar, die kapilarische Army ist aufgrund ihres hochwertigen Waffenarsenals unheimlich ballsicher. Der Präsident spurtet an dem gegnerischen Spieler vorbei und erreicht den Ball. Der Präsident überlegt nicht lange und spielt den Ball zwischen dem Parteivorstand und den Parteimitgliedern hindurch in den 16er, in den Lauf der kapilarischen Army. Die Army zögert nicht und zieht einen Außenrissschlänzer Richtung langer Pfosten. Die althergebrachte Ordnung streckt sich vergeblich nach dem Ball. Sie ist gegen die kapilarischen Bomben machtlos. Aber: Glück gehabt. Für die Asiaten. Der Ball streicht einen halben Meter am Tor vorbei. Mit Bomben lassen sich die Asiaten nämlich nicht einschüchtern, geschweige denn besiegen. Abstoß.

37. Minute. Wieder spielt die asiatische althergebrachte Ordnung den Ball kurz auf den Parteivorstand. Von den letzten Abwehrschwächen der Asiaten sowohl überrascht als auch ermuntert, greift das fundische Stürmerduo Ausbildungslager und Dschihads mit einem aggressiven „Vorchecking“ an. Der asiatische Parteivorstand ordert das Militär zum Geleitschutz zurück und spielt den Ball durch die beiden verblüfften Gegenspieler hindurch in deren Füße.
Das asiatische Militär hat Zeit sich umzudrehen, bevor es von den nachrückenden fundischen Rohstoffen attackiert wird. Die Rohstoffe drohen mit einem Exportstopp ihres wertvollen Rohöls nach Asia. Das Militär lacht nur darüber: „Überlegt mal, wer die ganze Schmutzarbeit auf euren Baustellen verrichtet. Nachdem ihr die Palästinenser und Jemeniten nach dem ersten Golfkrieg rausgeschmissen habt, machen das unsere Leute. Ohne uns wäret ihr doch nicht mal in der Lage zu überleben, geschweige denn eure Wirtschaft in Gang zu halten.“ Erschrocken bleiben die Rohstoffe stehen und geben dem Militär die Gelegenheit zu einem weiten Pass auf die linke Seite zur Grundindustrie.
Die asiatische Grundindustrie lässt den Ball volley auf den Massenmarkt prallen. Der Massenmarkt überlegt sich eine Gegenattacke auf die Fundias.

Die Asiaten beginnen wieder, neben den vielen einfachen Arbeitskräften auch Kleinunternehmer wie Restaurantbesitzer, nach Fundia zu exportieren. Die fundischen Intellektuellen und Millionäre sind von dem leckeren Essen so begeistert, dass sie auf die Warnungen des fundischen Führers nicht hören wollen. Der Führer ruft die Religionsgesetze zu Hilfe und möchte alle Reisgerichte per Gesetz verbieten. Doch selbst dieses Vorgehen scheint gegen das asiatische Gespann von Massenmarkt und Reproduktion nicht zu fruchten. Zwar werden viele Restaurants geschlossen, aber mindestens genauso viele unter einem Decknamen wieder eröffnet.

Der asiatische Massenmarkt umspielt die Kameltreiber, umkurvt die Intellektuellen und spielt den Ball flach auf die halblinke Position zur Ausdauer. Die Ausdauer stoppt den Ball gar nicht erst, sondern lässt ihn sofort zu der im zentralen Bereich positionierten Reproduktion prallen. Der fundische Führer ist ausgespielt und der asiatische Stürmer sieht sich nur noch den beiden Liberos Glaubensgemeinschaft und Religionsgesetze gegenüber.

Mit dem Rücken zum Tor stoppt die Reproduktion den Ball, zieht ihn mit der Fußsohle ein bisschen zurück, dreht sich um die eigene Achse und stupst den Ball leicht an, um ihn sich auf den rechten Fuß zu legen. Schuss! Einfach mal draufhalten, was soll schon passieren? Die Religionsgesetze versuchen, mit einer Grätsche zu retten. Der Ball entwischt ihr jedoch durch die Beine und nähert sich mit einem Rechtsdrall dem Tor.

Muss sich der Gottesstaat geschlagen geben? Muss er sich eine Niederlage eingestehen? Wie wird er es schaffen, wieder an Autorität zu gewinnen? Gebannt schauen die Mitspieler zu ihrem Torwart. „Bitte, hilf uns“, kann man auf ihren Lippen lesen. Der Torwart macht sich ganz lang. … und erwischt den Ball mit der flachen Hand und lenkt ihn um den Pfosten.

38. Minute. Eckstoß!

„Lieber verhungern als Gott verlieren.“

„Gott ist wichtiger als Reis.“ Mit diesen Parolen hat der Gottesstaat sein Team gerettet.

Trotzdem bleiben die Asiaten am Drücker. Sie benötigen unbedingt einen Torerfolg, um nicht mit einem Rückstand die zweite Halbzeit zu beginnen. Die gesamte asiatische Mannschaft, einschließlich des Parteivorstands, rückt auf. Einzig die Parteimitglieder bleiben zur Deckung der Dschihads an der Mittellinie. Der Massenmarkt wird den Eckstoß ausführen. Am 16er warten die Spieler in einer Traube. Noch ist nicht ersichtlich, wer sich um wen kümmern wird. Die kopfballstarken Spieler bei den Asiaten sind das Militär, die Ausdauer und der Parteivorstand.

Doch zunächst kommt es gar nicht zur Flanke, stattdessen lässt das Militär Richtung Eckfahne, um sich kurz anzubieten. Das wird wohl eine interessante Eckball-Variante.

An der 16-Meter-Linie bekommt das asiatische Militär den Ball von dem den Eckball ausführenden Massenmarkt zugespielt. Der Massenmarkt erhofft sich von dem Militär Unterstützung für das Grenzgebiet Xinjiang. Es ist zum größten Teil von fundischer Bevölkerung besiedelt. Die Asiaten herrschen zwar noch über dieses Territorium, aber dem fundischen Führer ist es mit Hilfe der Ausbildungslager gelungen, gefährlich an Einfluss zu gewinnen. Dem will das asiatische Team begegnen und somit veranlasst der Parteivorstand viele Sofortmaßnahmen. Neben großen Ansiedlungsmaßnahmen von Menschen wird verstärkt Industrie in dieses Gebiet gebracht und die Handelsverbindungen zum Restreich intensiviert. Die ursprüngliche einheimische Bevölkerung ist damit natürlich nicht einverstanden und wehrt sich. Der Massenmarkt kommt nicht mehr alleine zurecht und ruft das Militär zu Hilfe.

Das asiatische Militär stoppt den Ball und dreht sich zum gegnerischen Tor. Mit drei Bataillonen bricht sie in das angesprochene Gebiet ein und begeht zum Teil extrem aggressiven Hausfriedensbruch, um alle möglichen Dschihads aufzutreiben. Der fundische Führer protestiert dagegen und schickt mehr fundische Siedler, um den Asiaten ihre auswegslose Situation aufzuzeigen. Doch erfolglos. Das Militär schwanzt die Millionäre und Kameltreiber auf engstem Raum aus und befindet sich nun am Schnittpunkt des Fünfers mit der Außenlinie. Es schaut auf und überlegt, wem es den Ball zuspielen könne. Der Parteivorstand war gestartet und bietet sich am kurzen Pfosten an. Er möchte in Xinjiang Ruhe schaffen und damit mehr an Popularität gewinnen. Die Esoterik wartet am langen Pfosten, bereit, Lobeshymnen auf das Volk zu singen. Die Grundindustrie lauert am Elf-Meter-Punkt und möchte möglichst viel eigenen Gewinn erwirtschaften. Im Stadion herrscht absolute Grabesstille. Wird nun der Ausgleich fallen?

Auf einmal pfeift der Schiedsrichter. Ja, was ist denn jetzt los? Die Spieler schauen verblüfft zum Referees und folgen dann seinem Blick zum Linienrichter. Dieser steht stockgerade, mit erhobener Fahne, da und zeigt an, dass

der Ball die Außenlinie überschritten hat. Der muss wohl in der Nacht schlecht geschlafen haben, anders kann man sich einen solchen Knick in der Optik nicht erklären.
Wütend rennen das asiatische Militär und der Parteivorstand auf den Linienrichter zu: „Du blinde Nuss, mach doch die Augen auf! Der war niemals aus. Mann, du zerstörst unsere ganze Chance! Wir hätten das 1:1:1:1 erzielt. Depp!“ Der Linienrichter lässt sich nicht beeindrucken. Weiter steht er stockgerade da und bekräftigt seine Entscheidung auf Abstoß. Der Schiedsrichter kommt hinzugelaufen und versucht, die aufgebrachten Spieler zu beruhigen.
Aber das asiatische Militär ist so aufgebracht, dass es sich nicht beruhigen lässt. Man bekommt fast Angst, das Militär könne auf den Linienrichter einschlagen. Erst die zugeeilte Esoterik kann ihre Mitspieler zur Vernunft bringen. Der Schiri greift in seine Tasche und zeigt dem asiatischen Militär die Gelbe Karte. Denn Autoritätsbeleidigungen werden auch beim Fußball bestraft. Abstoß.

Die Tribals kommen ...

Nun sind 39 Minuten gespielt, liebe Zuhörerinnen und Zuhörer, es ist nun Zeit, dass die letzte Mannschaft des Turniers aufläuft: die Tribals.
Ich gebe mir nicht die Mühe, Ihnen die einzelnen Positionen der Spieler zu erklären, da das Team mit einer vollkommenen anarchischen Taktik spielt: Mal spielt der eine Spieler Stürmer, mal der andere Torwart. Ständig wechseln die Spieler Positionen. Natürlich macht dies das Team völlig unberechenbar. Doch entstehen auch unwillkürlich Lücken, wenn die Abstimmung einmal nicht reibungslos klappt. Was ist, wenn ein Spieler mal schläft und seine Position beispielsweise im Abwehrbereich nicht einnimmt? Schwubs, der Gegner steht alleine vor dem Tor!
Es muss eine anarchische Disziplin herrschen, um heute Erfolg zu haben. Genug geredet.

Hier ist die Aufstellung: Durchsetzungsvermögen, Aberglaube, African Man, Ebola, private Sicherheitskräfte, Armee, Rohstoffe, Union of Africa, Kolonialgebiete, Lebensfreude, Business Man und Korruption.

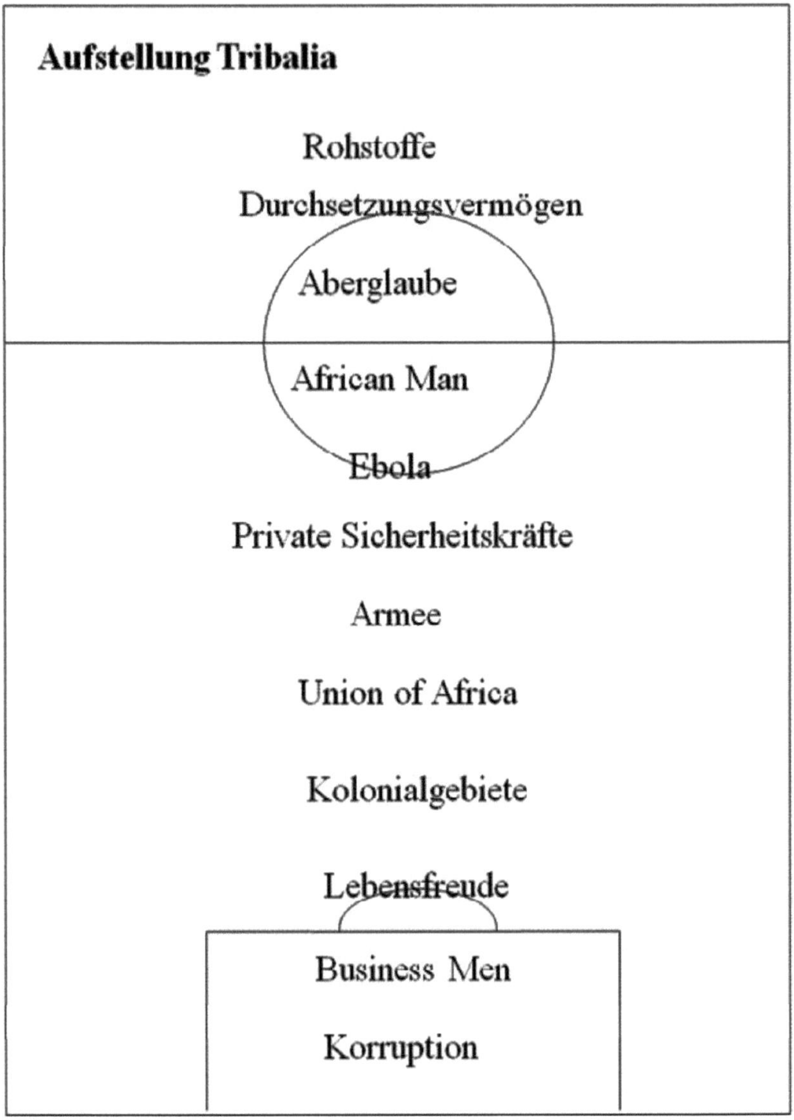

Aufstellung Tribalia

Rohstoffe

Durchsetzungsvermögen

Aberglaube

African Man

Ebola

Private Sicherheitskräfte

Armee

Union of Africa

Kolonialgebiete

Lebensfreude

Business Men

Korruption

Olala! Der Einlauf der Mannschaft erinnert mich an die nigerianische Nationalmannschaft bei den Weltmeisterschaften 1998 in den Vereinigten Staaten. Mindestens vier Spieler sehe ich mit wuscheligen Rastahaaren. Andere Haarschöpfe leuchten orange und gelb. Der African Man und die Rohstoffe haben nicht einmal ihre Stutzen hochgezogen, geschweige denn Schienbeinschoner an. Aberglaube und Korruption haben ihre Shirts über der Hose hängen. Na, wenn hier nicht Disziplin fehlt! Aber ich will nicht meckern. Die Rastamänner der Franzosen und Holländer haben uns bei der Europameisterschaft in Portugal gezeigt, was Zaubern bedeutet. Nun, meine lieben Zuhörer, freuen wir uns auf einen tollen Fussi-Cha-Cha-Cha!

Noch vor dem Abstoß der Fundias bieten die Kapilarika den Tribals einen Pakt an: Im Austausch gegen die Lebensfreude der Tribals, schlägt der kapilarische Präsident vor, könnten die tribalischen Sicherheitskräfte und die Armee durch technisches Know-how und eine Beratermission unterstützt werden. Damit soll das tribalische Durchsetzungsvermögen gestärkt werden, denn zu häufig verblassen vielversprechende Angriffe der Tribals wegen der hohen Verletzungsanfälligkeit der tribalischen Spieler. Oft genügt schon ein kleiner Bodycheck, um sie zu Fall zu bringen. Da bei diesen Weltmeisterschaften aber unter den Schiedsrichtern die Parole zum Laissez-faire ausgegeben wurde, müssen die Spieler richtige Standhaftigkeit beweisen. Weiter bietet Kapilarika an, tribalische Exportgüter zu Vorzugsbedingungen in das eigene Land zu lassen und die Rohstoffpreise zum Vorteile der Tribals zu erhöhen. Allerdings unter der Bedingung, dass jeglicher Handel mit den Asiaten eingestellt wird. Der ganze Pakt wird Entwicklungshilfe genannt.

Die Tribals sind von dem fair klingenden Angebot positiv überrascht und der Spielführer African Man schlägt sofort zu. Der erste Angriff soll sich gegen die Fundias richten.

Die Fundias sind nicht dumm. Kaum hören sie von dem Entwicklungspakt, schauen sie sich nach einem potenziellen Verbündeten um. Alleine würde man gegen eine kapilarisch-tribalische Übermacht mit dem Rücken zur Wand stehen, zumal der fundische Spielmacher Rohstoffe durch den Ersatz der tribalischen Rohstoffe quasi außer Gefecht gesetzt wäre.

Sowohl bei den Asiaten als auch bei den Eurasiern fragen die Fundias nach. Die Eurasier reagieren abwartend. Sie sind sich nicht ganz sicher, wie man sich gegenüber den ehemaligen Kolonialgebieten verhalten soll.

Bei den Asiaten finden die Fundias mehr Anklang. Aber es müssen große Zugeständnisse gemacht werden, da die Territorialstreitigkeiten der letzten Minuten die Gemüter stark erhitzt haben.
Die Fundias versprechen den Asiaten volle Kontrolle über den fundischen Spielmacher Rohstoffe. Im Gegenzug verpflichten sich die Asiaten, im Falle eines kapilarisch-tribalischen Angriffs mit ihrem Militär den Fundias beizustehen. Des Weiteren beordert der fundische Führer alle Ausbildungslager und Dschihads aus dem asiatischen Territorium in die Heimat. Als Gegenleistung erhält das fundische Mittelfeld volle Versorgung von der asiatischen Grundindustrie. Der asiatische Parteivorstand und der fundische Führer beschließen, ein rotes Telefon zwischen ihren Arbeitsplätzen einzurichten. Zwischen der Glaubensgemeinschaft und den Parteimitgliedern soll während des Paktes ein reger Austausch stattfinden. Sowohl Schüler- als auch berufliche Austauschprogramme sind geplant.
Die Fundias fühlen sich gestärkt und führen den Abstoß aus. Der Gottesstaat befördert das Leder mit einem heftigen Spannstoß über die Mittellinie in halbrechte Position.
Die asiatische Grundindustrie stoppt den Ball per Brust und lässt ihn auf den Fuß tropfen. Mit dem Rücken zum Gegner überlegt sie, was zu tun ist. Auf ganz rechter Position in Höhe der Mittellinie bietet sich der asiatische Massenmarkt an. Der Massenmarkt bekommt den Ball, begleitet von den bitter nötigen Nahrungsmitteln. Er stoppt den Ball und spielt ihn zurück in die eigene Hälfte zu den Parteimitgliedern.
Die Parteimitglieder wissen nicht genau, was sie mit dem Ball anfangen sollen und geben ihn weiter zu dem in der Mitte positionierten asiatischen Militär, welches eine Attacke der kapilarischen Army fürchtet.
Die tribalischen privaten Sicherheitskräfte attackieren das asiatische Militär. Doch mehr als ein Versuch ist das nicht.
Das Militär spielt einen hohen Flankenwechsel auf die Esoterik. Diese ist noch nicht in Angriffslaune. Klar, sie müssen erst mal mit den Theorien des fundischen Gottesstaates zurecht kommen. Die Esoterik spielt den Ball erneut ins Feldzentrum. Diesmal zur asiatischen Wissenschaft. Diese setzt neue Techniken ein, um die fundischen Rohstoffe auszubeuten, und bewegt sich selbstsicher nach vorne.
Die asiatischen Rohstoffe sind auf halbrechter Position mitgelaufen und bekommen nun den Ball von der Wissenschaft in den Lauf gespielt. Etwa

20 Meter vor dem Tor kommen sie in Ballbesitz. Die Rohstoffe legen sich den Ball kurz vor und versuchen, mit einem Exportstopp ihrer Güter und Finanzen die Weltmarktpreise für Rohstoffe in die Höhe schnellen zu lassen, um in Tribalia und Kapilarika eine Rezession auszulösen.

Jedoch, das Schüsschen wird schon nach anderthalb Meter Schussbahn aufgehalten. Die tribalischen Rohstoffe haben ihren Fuß dazwischenbekommen. Mithilfe der kapilarischen Think-Tanks und dem Business Man und den Konzernmanagern werden die tribalischen Rohstoffe extensiv ausgebeutet. Damit gelingt es ihnen, den Weltmarktpreis zu halten und durch das Engagement der kapilarischen Konzernmanager sogar eine Konjunktur auszulösen.

Der Ball prallt an die rechte Außenlinie zu den kapilarischen Think-Tanks. Diese überlegen nicht lange und spielen einen flachen Pass die Linie entlang, zu den an der Mittellinie lauernden kapilarischen Konzernmanagern.

Die Konzernmanager bedanken sich bei der Notenbank, die durch eine Zinserniedrigung (mehr Geldmittel können aufgenommen werden) die Konjunktur unterstützt hat und spielen ihr den Ball auf engem Raum zu.

Die kapilarische Notenbank zögert nicht lange und wechselt mit einem weiten Ball die Seite auf die Massenindustrie. Diese, froh in Tribalia einen riesigen Absatzmarkt gefunden zu haben, bedankt sich mit einem Ball auf den in der Mitte wartenden kapilarischen Präsidenten für den vorteilhaften Pakt.

Der Präsident freut sich über den gelungenen Konter und entschließt sich zu einer spontanen Auslandsreise nach Tribalia. Von der tribalischen Lebensfreude wird der oft etwas konservativ erscheinende Präsident angesteckt (angeblich hat man ihn in einer Strandbar Cha-Cha-Cha tanzen und Rum trinken sehen); er hält den Ball zwei- bis dreimal hoch und spielt ihn dann auf die linke Position, mit dem Innenriss zur tribalischen Lebensfreude.

Die tribalische Lebensfreude stoppt den Ball erst gar nicht, sondern legt ihn sich mit dem rechten Fuß sofort vor, um einen Flankenlauf zu starten. Sie wird von der Loyalität attackiert. Im Doppelpass mit der mitgelaufenen Union of Africa ist die Lebensfreude in der Lage, die Loyalität auszuschalten und in Höhe des 16ers relativ unbedrängt wieder in den Ballbesitz zu kommen.

In der Spielfeldmitte wartet der kapilarische Präsident. Er hofft auf ein Zuspiel von der spielfreudigen Lebensfreude, um sein innenpolitisches Image

weiter aufzubessern. Außerdem hofft er, mit deren Hilfe wieder mehr Kreativität in seinem Volk zu fördern, welches ihm in den vergangenen Jahren recht statisch vorkam. Der Präsident ist der Meinung, dass alles Bunte in seinem Land der Farbe Weiß und Schwarz gewichen sei.
Mit dem Präsidenten in der Spielfeldmitte wartet die Army. Sie möchte ihrem Team helfen, in den Besitz der fundischen Rohstoffe zu kommen, und einen warnenden Präventivschlag gegen die fundischen Intellektuellen, die Arbeiter und die Glaubensgemeinschaft unternehmen, um Angriffen der Dschihads vorzubeugen.
Im Inneren des 16ers warten bereits die kapilarischen Think-Tanks. Sie möchten ihren asiatischen Counterpart bestrafen. Erst versuchte dieser, durch Spionagearbeit in Besitz des kapilarischen Wissens zu kommen, und nun, heute, stellt dieser die kapilarische Vormachtsstellung bei der Technologieentwicklung infrage. Außerdem möchte man eine zu schlagfertige Aufrüstung des asiatischen Militärs verhindern.
Im Rückraum haben sich der African Man und der Aberglaube in Position gebracht. Sozusagen, um auf Abpraller zu warten. Von der Mittellinie kommt der tribalische Business Man herangestürmt. Er hofft, bei einem Erfolg an vielen Projekten beteiligt zu werden. Er läuft direkt neben dem kapilarischen Präsidenten, wohl auch, um dessen Aufmerksamkeit auf sich zu ziehen.
Auch die Abwehr hat sich gestaffelt. Die Religionsgesetze übernehmen die Position des letzten Mannes. Sie beordern ihre Mitspieler zu den Gegenspielern. Die Glaubensgemeinschaft gesellt sich zum Präsidenten. Ihr ist dessen neu geprägter „Way of Life“ ein Dorn im Auge. Diesen möchte sie herausziehen. Armee spielt gegen Army. Wissenschaft gegen Think-Tanks. Millionäre gegen Konzernmanager.
Die Lebensfreude zieht den Ball in die Mitte. Die gestarteten Spieler Präsident und Business Man verfehlen den Ball knapp. Der Ball nähert sich der kapilarischen Army. Diese setzt bereits zum Kopfballversuch an, als die Religionsgesetze einschreiten und den Ball per Flugkopfball aus dem Gefahrenzentrum befördern.
Der Ball landet in den Füßen des African Man. Er wird vom Parteivorstand angegriffen. Tanzt diesen aber sprichwörtlich per Okocha-Heber auf dem Bierfilzchen aus. Der Parteivorstand gibt sich aber nicht so schnell geschlagen, dreht sich und versucht einen erneuten Angriff.

Gekonnt spitzelt der African Man den Ball zum Aberglauben. Der Parteivorstand befindet sich zwischen den beiden Spielern.
Ja, halt! Was ist denn das? Hier, von der Reporterbühne aus, scheint es, als würde gerade auf dem Spielfeld eine kuriose Situation stattfinden: als wenn sich die Spieler Parteivorstand und Aberglaube tief in die Augen schauen. Und plötzlich nickt der Spieler Aberglaube und spielt – ja, das ist ja die Höhe – dem Parteivorstand den Ball zu! Was ist denn nun los? Der Parteivorstand zögert nicht lange und orientiert sich sofort Richtung kapilarische Hälfte. Im Gleichschritt mit dem African Man und dem Aberglauben.
Was war geschehen? Der Parteivorstand appellierte an den Aberglauben, sich nicht von den Versprechen des Weißen Mannes täuschen zu lassen. Neben der Hautfarbe fügte er als Grund für das Misstrauen an, dass der Präsident, immerhin der wichtigste Spieler der Kapilarika, keinen Talisman um den Hals trage. Er muss also von einer bösen Polterhexe bestraft worden sein, die ihm jegliche Schutzgötter entzogen hat. Der Aberglaube sieht das natürlich sofort ein und überzeugt im kurzen Gespräch seinen Kapitän, den African Man, und die Entscheidung für einen neuen Paktpartner fällt im Nu. Wer sollte es sein? Auch diese Antwort ist nicht schwer. Natürlich derjenige, der auf den Fehler aufmerksam gemacht hat: Asia.
So stürmen nun die Tribals zusammen mit den Asiaten Richtung Strafraum der Kapilaren. Diese reagieren geschockt. Präsident, Konzernmanager und Broker bleiben regungslos am 16er der Asiaten stehen. Was sollen sie auch tun? Ohne die Energiezufuhr der tribalischen Rohstoffe sind sie praktisch unbeweglich. Die Situation ist mit einem totalen Stromausfall vergleichbar. Einzig die kapilarische Army versucht nachzusetzen mithilfe der gebunkerten Spritreserven. Doch das Dreigespann Parteivorstand, African Man und Aberglaube haben ein hohes Tempo vorgelegt und überbrücken blitzschnell die Mittellinie. Ihnen gegenüber stehen nur noch Police, Gerichte, Massenindustrie und die Notenbank.
Wie immer in den Schlussminuten einer Halbzeit eines Fußballspiels scheint es drunter und drüber zu gehen. Das Unmögliche tritt ein. Oft ist ein winziges Sandkorn der Auslöser für die große Veränderung. Das Sandkorn ist in diesem Fall die unerwartete Veränderung des Kooperationsabkommens der Tribals mit den Kapilarikern.
Die Fundias müssen entscheiden, dem nun um die Tribals erweiterten Pakt mit den Asiaten treu zu bleiben, eine neutrale Stellung zu beziehen oder

eben den Kapilaren zu helfen. Trotz aller Streitigkeiten in der Vergangenheit und des Hasses auf den „Western Way of Life“ entschied sich der fundische Teamkapitän-Führer für Kapilarika. Das Sandkorn war in diesem Fall ein Steinbrocken: die Rohstoffe.
Nachdem man sich nun den Abnehmer Asia mit den Tribals teilen musste, entschied der fundische Führer logisch für den freien Vertragspartner, eben Kapilarika. Der Führer gab die Doktrin aus, dass es sich um ein oberflächliches ökonomisches Bündnis handle. Der Einwand der Arbeiter, dass dieser Pakt gegen die Interessen des Gottesstaates gerichtet wäre, wurde daher hinweggewischt. Dachte der Führer zumindest. Doch die Glaubensgemeinschaft sträubte sich gegen diesen Pakt und nach einem heftigen innenpolitischen Schlagabtausch zwischen Reformern und Konservativen musste der Führer das voreilige Angebot zurückziehen.

Nun macht sich Kapilarika auf die Suche nach einem Sandkorn. Blitzschnell springen die transatlantischen Freunde ein. Seit dem Zweiten Weltkrieg haben die Eurasier viel Unterstützung von den Kapilarikern erhalten. Nun wird es Zeit, sich zu revanchieren. Zunächst gilt es, den energetischen Engpass zu beseitigen. In dem eurasischen Sibirien und der Nordsee lagern viel Öl und Gas. Mithilfe der kapilarischen Think-Tanks und den kapilarischen Konzernmanagern wird versucht, die Rohstoffquellen schnellstmöglich in Werte umzusetzen.
Sofort beginnt die kapilarische Army, aggressiver nachzusetzen, und auch Präsident und Konzernmanager setzen sich in Bewegung. Die hartnäckige Army zwingt den Ball führenden African Man, das Leder zu stoppen und einen passiven Querpass auf die Union of Africa auf linker Position zu spielen. Die kapilarische Army lässt sich nicht desorientieren und ruft ihr Team zur Geschlossenheit auf.
Die Union of Africa passt den Ball die Linie entlang zum tribalischen Durchsetzungsvermögen. Diese beiden sind ein unberechenbares Duo. Mal schauen, was passiert!
Das Durchsetzungsvermögen setzt zum Flankenlauf an. Die verteidigenden kapilarischen Gerichte stößt es schlicht zur Seite. Klar, was sollen diese auch gegen die Masse von 800 Millionen Tribals unternehmen? Ein Einreisestopp wäre sinnlos, denn wer sollte diese Menschenmasse stoppen? Die Police vielleicht?

Tatsächlich versucht die kapilarische Police, das tribalische Durchsetzungsvermögen mit einem Tackling von der Seite zu attackieren. Doch die Nachhilfestunden der kapilarischen Militärspezialisten haben Früchte getragen und das tribalische Durchsetzungsvermögen reagiert gekonnt. So, wie das bisher nur Uwe Bein vermochte, hebt das tribalische Durchsetzungsvermögen den Ball auf den Spann des linken Fußes, lässt ihn von dort auf den Außenriss des Rechten tropfen, macht zwei, drei irritierende Bewegungen mit dem Oberkörper und spielt den Ball dem heranstürmenden Gegner durch die Beine. Leo. Umläuft ihn mit einer Rechtsumdrehung und steht im 16er. Die beiden kapilarischen Manndecker sind ausgespielt. Präsident und Konzernmanager kommen erst langsam herangehechelt. Wenn es jetzt schnell geht, kommen sie zu spät.
Die tribalische Korruption wartet, gedeckt von der kapilarischen Notenbank, am langen Pfosten. Die privaten Sicherheitskräfte am kurzen. Ohne aufzuschauen, zieht das Duchsetzungsvermögen eine hohe Flanke auf den langen Pfosten. Torwart Freiheit reagiert zu spät oder war der Ball zu schnell? Auf jeden Fall segelt die Freiheit am Ball vorbei. Die kapilarische Notenbank versucht, die tribalische Korruption mit einem Millionendollar-Angebot zu bestechen. Der asiatische Massenmarkt bietet dagegen, er verkündet, ganz Tribalia mit einer brauchbaren Infrastruktur zu versorgen. Die Korruption scheint zu schwanken. Allerdings nur so lange, bis man merkt, dass die privaten Sicherheitskräfte mit Morden drohen, falls sich die Korruption für die Dollars entscheide. Der Schrei „Nun schießt doch endlich!" vom African Man schallt über das Spielfeld. Eine getroffene Entscheidung. Und die Korruption markiert zum 1:1:1:1:1! Ausgleich.

Beide Mannschaften stürzen sich auf den Torschützen und scheinen ihn schier zu erdrücken. Auch so kann Völkerverbindung aussehen. Ausgleich. Praktisch mit dem Pausenpfiff.
Der Schiri ruft die Spieler zur Ruhe und verwarnt willkürlich die asiatische Grundindustrie und die tribalische Armee mit der Gelben Karten. Er möchte das Spiel weiterführen und zur Halbzeit pfeifen.
So geschieht es dann auch.

Halbzeitpause

Nun, meine lieben Zuhörer, lassen Sie uns die Halbzeitpause für einen Stimmungsfang in den Heimatregionen der einzelnen Teams nutzen. Zunächst rufe ich meinen Kollegen Ulli in Washington, Kapilarika:

„Hey, Ulli. Wie sieht's bei euch aus?"
„Hallo, Schorsch. Hier sieht es nicht gerade rosig aus. Die etwa 100000 versammelten Zuschauer hier vor dem Weißen Haus sind alles andere als begeistert. Seit dem letzten Tor ist es sogar mucksmäuschenstill geworden. Ich gehe mal unter das Volk, um ein paar Stimmen einzufangen:
– Was sagen Sie zu der ersten Halbzeit?
– Nun ja. Wir haben gut angefangen. Doch am Ende. So ein Mist. Das beweist mal wieder, dass man niemanden trauen darf.
– Und Sie?
– Die Tribals sind unmöglich. Wir hätten die Schwarzen nie aus der Sklaverei befreien dürfen. Für die zweite Halbzeit müssen wir uns etwas einfallen lassen. Die Army muss mehr Bälle kriegen und der Präsident mehr laufen. Nachdem die Wahl draußen ist, hat er noch mehr Verantwortung.
– War es richtig, die Wahl zu opfern?
– War eine schwierige Situation. Aber was hätten wir tun sollen? Unsere Freiheit war in Gefahr.
– Danke schön.
Das war's von hier."

„Wie sieht es bei dir in Warschau aus, Jörg?"
„Danke, Ulli. Auch hier waren die Leute nach dem letzten Tor mächtig geschockt. Doch sie scheinen sich wieder gefangen zu haben. Sie hören die Lieder im Hintergrund: ‚Wikos sinos Europeas', ‚Ja, wo bleibt das 2:1, ja, wo bleibt 2:1?', ‚Siegen! Siegen!'
Ich geh mal mit dem Mikro unter die Menschen:
– Was sagen Sie zur ersten Halbzeit?
– Gut. Wir haben stark angefangen. Nur am Ende hat man gemerkt, dass die anderen Teams mehr Reserven hatten. Ich hoffe auf eine Steigerung in der zweiten Halbzeit.
– Wem trauen Sie zu, in der zweiten Halbzeit Akzente zu setzen?

Wohl dem Auswärtigen Dienst und den Unternehmern. Beide haben gute Ansätze gezeigt. Außerdem sind sie für ihre Kondition bekannt.
– Danke.
Ich gebe zurück."

„Nun zu dir, Achmed, nach Mekka."
„Hallo, liebe Zuschauer. Schöne Grüße von diesem heiligen Ort. Hier in Mekka haben sich mit dem Pausenpfiff alle auf den Boden geworfen und der Vorsänger singt noch immer: ‚Gott, der Herr, ist groß. Er helfe unserer Mannschaft zum Sieg!'
Ich werde wohl keine Stimmen einfangen können. Erfahrungsgemäß reagieren die Gläubigen mürrisch, wenn man sie bei ihrem Gebet stört. Während der ersten Halbzeit hatte ich den Eindruck, dass die Zuschauer große Hoffnungen auf ihre Verteidigung setzen und im Sturm ansonsten auf einen gefährlichen Alleingang ihrer Dschihads hoffen. Beim fundischen Torerfolg hat sich die fanatische Menge auch auf den Boden geworfen und sich dankend Gott zugewandt. Ansonsten ist die Stimmung hier friedlich.
Ich gebe weiter zu dir, Ho Chi Minh, nach Peking."

„Danke, Achmed. Hier in der Verbotenen Stadt haben sich bestimmt eine Million Menschen versammelt. Die Straßen sind berstend voll. Man bekommt einen richtig guten Einblick, wie es wohl früher hier ausgesehen haben mag.
Anfangs war die Menge sehr ruhig. Doch mit der Teilnahme ihres Teams bekamen wir recht sonderbare Frömmigkeit zu spüren. Jedes Mal, wenn die Mannschaft in Ballbesitz war, ging ein Raunen durch die Menge. War die Esoterik am Ball, ging die Hand ans Herz. Agierte der Parteivorstand, neigte die Menge den Kopf, um ihm Ehre zu erweisen. Beim Torerfolg haben alle hier die Hände gefaltet. Bis später, Schorsch.
Ich gebe zu dir, Jay, nach Lagos."

„Hey, Friends. Hier tanzen die Menschen auf der Straße. Halbnackte Frauen stimulieren die Menge mit Bauchtanz. Animateure werfen Bonbons unter die Menge. Viele Zuschauer haben zu Instrumenten gegriffen. Die Töne von Posaunen, Trommeln und Flöten klingen durcheinander: taktatatitatata, taktatatitatata. Liebe Zuhörer, hier findet eine tolle Feier statt! Die Leute

sind fröhlich und hoffen auf ein tolles Fußballergebnis in der zweiten Halbzeit. Taktatatitatata. Taktatatitatata.
Zurück ins Stadion zu dir, Schorsch."

Nun, meine lieben Damen und Herren, so viel zu der Lage in den einzelnen Teamregionen. Ich möchte Ihnen nun kurz die Regeln der zweiten Halbzeit erklären. Der UN-Sicherheitsrat hat entschieden, dass der diesjährige Weltmeister in vier Spielzügen entschieden wird. Es wird um Territorien, ökonomische Einflüsse, Wasser und Ideologien gespielt. Begonnen wird mit der Schlacht um das Territorium. Und jetzt möchte ich Sie nicht mehr länger auf die Folter spannen.
Die Mannschaften laufen ein und die Spieler verteilen sich auf dem Feld. Beim tribalischen Team läuft Ebola für das angeschlagene Durchsetzungsvermögen und beim kapilarischen Team der Außenminister für die Massenindustrie auf.

Zweite Halbzeit

Schlacht ums Territorium

46. Minute. Anstatt eines Anstoßes nimmt der Schiedsrichter den Ball in die Hand und schießt ihn, als wäre er Torwart, hoch in die Luft. Das Spiel ist eröffnet. Wer kann die meisten Gebiete erobern? Wer kann seine Kräfte am besten mobilisieren? Wer wird am Ende über die meisten territorialen Gewinne verfügen?
Gespannt warten die Mannschaften auf den Ball. An seinem prognostizierten Aufprallort finden sich die jeweiligen Gesandten ein: Präsident, Parteivorstand, Auswärtiger Dienst, Führer und der African Man. Alle wollen den Ball in Empfang nehmen.
Der Präsident ist als Erster am Ball, stoppt ihn mit dem Innenriss und schirmt ihn geschickt mit dem Körper ab. Die Kontrahenten versuchen, an den Ball zu kommen, doch der Präsident wehrt ihre Versuche mit der berühmten und effektiven Arsch-raus-Taktik ab. Er überlegt, was zu tun ist: Wie kann er den Ball am einfachsten und gefährlichsten in einen der gegnerischen 16-Meter-Räume bugsieren?

Viel Zeit bleibt dem Präsidenten nicht für eine Antwortsuche. Genauer gesagt, gar keine. Denn der asiatische Parteivorstand reagiert ungeduldig und bringt den Präsidenten mit einem geschickten Tritt in die Achillesverse zu Fall.

47. Minute. Freistoß an der Mittellinie. Die kapilarischen Spieler orientieren sich nach vorne. Die kapilarische Police führt den Freistoß kurz aus zum kapilarischen Außenminister. Der Außenminister nimmt das Foul des asiatischen Parteivorstandes an den kapilarischen Präsidenten zum Anlass, einen bereits in der Schreibtischschublade gelagerten Vergeltungsschlag gegen die Asiaten anzukündigen.
Schon lange sind dem Außenminister die Machtbestrebungen der Asiaten zuwider. Wie gut, dass sich nun eine Gelegenheit ergibt zuzuschlagen.
Die Kapilaren planen einen Dreifrontenangriff: Einmal wollen sie sich dem feindlichen Territorium vom Osten, von ihrem pazifischen Stützpunkt aus, nähern.
Weiter schicken die Kapilaren Truppenverbände nach Zentralasien. Als Operationsbasis bietet sich hier Afghanistan an. Die dritte Angriffsfront soll vom neutralen Australien erfolgen. Die Vorbereitungen laufen zeitgleich ab.
Um Einfluss auf den strategisch wichtigen Inselstaat Japan zu gewinnen, werden kapilarische Konzernmanager und Broker an der Ostfront, also am rechten Flügel stationiert. Sofort gesellen sich die asiatischen Spieler Massenmarkt und Grundindustrie zu ihnen, um jeglichem feindlichen Einfluss vorzubeugen und im Keim zu ersticken.
Auf die linke Außenbahn begibt sich der Präsident. Er möchte die Angriffe vom Süden höchstpersönlich steuern. Von seinem Standort aus erreicht er in wenigen Schritten Indonesien, das unter asiatischem Einfluss steht.
Richtung Elf-Meter-Punkt orientiert sich die Army. Sie schickt Truppenverbände nach Zentralasien, die mit den neuesten wissenschaftlichen Technologien ausgerüstet sind.
Unterstützt wird die Army von Spezialeinheiten der Police. Deren Spionagearbeit wird dringend benötigt, da in Zentralasien nicht nur die asiatischen Parteimitglieder und das asiatische Militär, sondern auch fundische Spieler zu überlisten sind.
Zentralasien ist dafür bekannt, dem fundischen Libero Religionsgesetze besonders hörig zu sein. Auch die asiatische Loyalität und die fundische

Glaubensgemeinschaft werden sich gegen die kapilarischen Vorstöße wehren.
Die restlichen Spieler bilden einen aus dem Handball bekannten Halbkreis. Auf der rechten Seite unterstützt die kapilarische Notenbank mit Zinssenkungen die Wühlarbeit der Konzernmanager und Broker. Die Think-Tanks übernehmen die zentrale Position. Der Außenminister ist auf der linken Seite im Ballbesitz. Er spielt einen hohen Seitenwechsel auf die Notenbank. Die Notenbank reagiert mit den angesprochenen Zinssenkungen und lässt den Ball kurz auf die Konzernmanager prallen.
Die Konzernmanager stoppen den Ball und gehen mit zwei, drei forschen Schritten vorwärts. Das Zeichen zum Angriff. Die Konzernmanager sperren den ostasiatischen Inselbewohnern jeglichen Zugang zu den überlebenswichtigen kapilarischen Softwareproduktionen, die in friedlichen Zeiten das reibungslose Funktionieren der Maschinen ermöglichen. Die Broker ziehen ihr gesamtes Kapital ab von den asiatischen Märkten. Damit lösen sie eine Rezession in Asia aus. Die asiatische Bevölkerung, an eine Konjunktur gewöhnt, verliert sich in vollkommener Desorientierung.
Es gelingt den Angreifern mit geschicktem Kurzpassspiel, die asiatischen Mittelfeldspieler Grundindustrie und Massenmarkt in die Defensive zu drängen.
Auch in der Spielfeldmitte setzen sich die Spieler in Bewegung. Die kapilarische Army versucht, allen Warnungen des Parteivorstandes zum Trotz, in den 16er einzudringen. Den gleichen Versuch startet der Präsident von der linken Seite, wird aber von den fundischen Intellektuellen und Arbeitern durch geschicktes Klammern und Trikotreißen davon abgehalten und kann Indonesien nicht betreten.
Auf dem rechten Flügel sind die Konzernmanager nun etwa an der Eckfahne im Ballbesitz. Durch ihre Wühlarbeit haben sie einen Meter Vorsprung gegenüber der angreifenden Grundindustrie herausgeholt. Diesen Vorsprung möchten sie nun nutzen und setzen eine Flanke an. Die Konzernmanager möchten den Ball Richtung Elf-Meter-Punkt zu der aussichtsreich stationierten Army bugsieren.
Durch den Zusammenbruch der asiatischen Fertigungsindustrie haben viele Zuschauer ihre Arbeitsplätze verloren. Durch einen Ausfuhrstopp von Weizen nach Asia ist die Inflation gewaltig angestiegen, kaum ein Zuschauer kann sich jetzt eine vernünftige Lebensversorgung mehr leisten. Die asiati-

sche Grundindustrie wird zur Grundversorgung ihres Teams auf den Plan gerufen und bekommt gerade noch rechtzeitig mit einer Grätsche bzw. einem schnell installierten Notstandsprogramm ihr Bein dazwischen und kann die Existenzgrundlage ihres Teams sichern.
In Abstimmung mit dem Parteivorstand wird beschlossen, die seit der letzten Hungersnot obligatorischen Getreidespeicher zu plündern. Eine Rezession kann nicht verhindert werden, doch zumindest sind die Bürger nicht mehr hungrig. Der Ball prallt zurück zu den kapilarischen Stürmern.
Die kapilarischen Stürmer starten den nächsten Angriffsversuch und entziehen den Asiaten den Zugriff auf kapilarische Luxusgüter. Die Bevölkerung muss ohne ihre Roboter auskommen und wieder ausschließlich mit der Hand arbeiten.
Die kapilarischen Konzernmanager haben eine aussichtsreiche Position eingenommen. Die zurückgeeilte Reproduktion verhindert jedoch zunächst eine Flanke, indem sie der schon überlaufenen Grundindustrie zu Hilfe kommt.
Die Konzernmanager passen den Ball kurz auf die Broker. Die Broker dringen in den 16er ein. Massenmarkt und Reproduktion stellen sich ihr entgegen. Der Massenmarkt stolpert und fällt mangels eigener Kräfte – ihm sind durch die fehlenden Importmöglichkeiten die Ressourcen entzogen – ohne gegnerischen Eingriff auf den Boden.
Erschrocken richtet der asiatische Parteivorstand eine Hilfsanfrage an den Auswärtigen Dienst der Eurasier. Der Auswärtige Dienst lehnt einen Pakt mit der Begründung ab, in der jetzigen Spielsituation nicht in das Geschehen eingreifen zu wollen.
Die kapilarische Police kommt den Konzernmanagern zu Hilfe. Per Liquidation möglichst vieler asiatischer Frauen versucht die Police, die asiatische Reproduktion des Teams zu schwächen. Mit Erfolg. Die kapilarische Wirtschaft beherrscht den östlichen Sphärenraum des asiatischen Gebietes und der Rückpass der Broker Richtung Elf-Meter-Punkt wird nicht einmal abgefälscht.
Dort ist die kapilarische Army in Position gelaufen. Von ihrer afghanischen Basisstellung aus hat sie das in Westasia stationierte asiatische Militär unter Beschuss genommen.
Das asiatische Militär hat empfindliche Verluste hinnehmen müssen, kann seine Deckungsstellung zwischen Tor und Gegner jedoch beibehalten.

Dafür ist die Glaubensgemeinschaft in Zentralasien bereits abgeschüttelt. Die Intellektuellen und die Arbeiter haben heftig gegen eine kapilarische Polizeipräsenz auf ihrem Gebiet demonstriert. Doch letztendlich zeigt sich die Macht des klimpernden Mammons größer als der Zusammenhalt. Millionäre und Rohstoffe sprechen sich für eine Gewährung der asiatischen Machenschaften aus. Nicht zuletzt, weil sie sich Hoffnung auf die Provinz Xinjiang machen.

Die kapilarische Army stoppt den Ball und versucht mit einem Dribbling auf dem bekannten Bierfilzchen, ihren Gegner auszutanzen. Doch die Gegenwehr ist zu groß. Die Army benötigt die Hilfe von der Police. Diese ist allerdings immer noch mit der Liquidation der asiatischen Frauen, sprich mit der Einschränkung der Reproduktion, beschäftigt. Folglich muss der kapilarische Angriff abgebrochen werden und der Ball wird zurück auf die zentral positionierten Think-Tanks gespielt.

Wenig aktionsfreudig spielen die Think-Tanks den Ball auf den linken Flügel zum immer noch unentschlossenen Außenminister. Der Außenminister versucht, den Präsidenten ins Spiel zu bringen. Der Präsident hat auch schon eine Idee und bietet sich auf der linken Außenbahn kurz an. Er stoppt den Ball und wendet sich selbstbewusst dem Gegner zu: „Wenn ihr uns freiwillig euer Territorium überlasst, dann verspreche ich euch eine 25-Stunden-Woche, Freiheit, Gleichheit und Demokratie."

Die Gegenspieler überlegen. Freiheit ist ja ganz schön und auf zu viel Training haben sie auch keine Lust. Aber Gerechtigkeit und Demokratie? Die Fundias sagen: „Klar, alle Menschen sind gleich vor Allah. Gläubige können Mitglied in unserer Glaubensgemeinschaft sein. Doch was ist mit unserem Führer, immerhin ist er direkter Nachfolger Mohammeds. Soll er etwa gewählt werden, ist er nicht von Gott bestimmt? Das ist alles schwer verständlich. Wir lehnen ab."

Auch die Asiaten haben Probleme mit der Demokratie. Die Gleichheit der Menschen, das haben sie schon vor Jahrhunderten von Buddha gelernt. Aber sagt Konfuzius nicht auch, dass die Gesellschaft hierarchisch aufgebaut sein muss?

Doch die Loyalität beginnt zu wanken. Die Spieler haben keine Lust auf die ewige Kinderarbeit. Schon mit zehn Jahren wurden sie in ihren Vereinen zum harten Trainieren gezwungen. Das liegt schwer auf ihrem Gemüt. Und jetzt ist das Training immer noch so extrem; oft stehen sie 15 Stunden am

Tag auf dem Platz und frei sind sie auch nicht wirklich. Immer kommt der Trainer mit der Trillerpfeife. Erhebt jemand das Wort gegen ihn, droht diesem eine sofortige Verbannung, wenn nicht Liquidation. In der Öffentlichkeit darf man das nicht zu laut sagen. Die Loyalität ist schließlich ihren Vorfahren verpflichtet.

Die asiatische Loyalität gibt dem kapilarischen Präsidenten ein verstecktes Zeichen. Dieser flankt – und tatsächlich lässt die Loyalität die tolpatschige Flanke fast noch tolpatschiger an sich vorbeigleiten. Die Flanke ist mit dem linken Innenriss scharf auf den kurzen Pfosten geschnitten.

Die kapilarische Army ist gestartet. Sie versucht mit neuen Angriffen an der westlichen Front, die Offensivarbeit des Präsidenten zu unterstützen. Mutig hat die Army zum Flugkopfball angesetzt und der Ball steuert Richtung kurzes Eck.

Das asiatische Militär riskiert Kopf und Kragen und schmeißt sich neben dem kapilarischen Counterpart in Aktion. Es erreicht den Ball mit dem Haarschopf und kann ihm eine kleine, aber entscheidende, Richtungsänderung geben. Der Ball prallt an den Pfosten und von dort zurück in den Fünf-Meter-Raum. Der asiatische Parteivorstand bekommt den Ball unter Kontrolle und klärt, keine Sekunde verlierend, den Ball aus dem 16er. Der weite Befreiungsschlag landet etwa auf der Mittellinie. Dort wird der Ball von den dankenden fundischen Dschihads in Empfang genommen.

Die Glaubensgemeinschaft hat sie nach den Attacken des Präsidenten dazu aufgefordert, doch etwas zu tun. Leise in die Abwehrreihen der Gegner geschlichen, haben die Dschihads den Ball unter ihre Kontrolle gebracht. Nun drehen sie sich und fokussieren das gegnerische Tor.

Von den aufgerückten kapilarischen Abwehrkräften sind nur noch die Gerichte übrig geblieben und da sich die Dschihads bekanntlich nicht von irgendwelchen westlichen Normen beirren lassen, sind die kapilarischen Gerichte chancenlos. Eine schlagkräftige Police wird benötigt, die die Dschihads per Notbremse stoppen könnte. Es wird bei den Eurasiern nachgefragt: „Bitte, helft uns, wir haben doch dieselben Wurzeln. Unsere Zivilisationen sind ähnlich und auch unsere ‚Way of Lifes'. Eure Probleme sind unsere Probleme. Eure Feinde sind unsere Feinde."

Der Auswärtige Dienst überlegt kurz, schickt dann aber postwendend Hilfe in Form der eurasischen Polizei und Presse. Die Presse soll die noch vermissten Flüchtlingslager ausfindig machen, die Polizei die Dschihads stop-

pen. Die Flüchtlingslager werden schnell auf der rechten Außenbahn entdeckt und in Manndeckung genommen. Die Polizei stürzt sich auf die Dschihads und bringt sie mit einem gezielten Tackling zu Fall.
Der Schiedsrichter übersieht das Foul großzügig und die eurasische Polizei, im Ballbesitz, wendet sich nach vorne. Jetzt, schon in den Krieg eingegriffen, möchte sie auch ihren Anteil für ihr Team haben. Der Auswärtige Dienst entscheidet sich, an der jugoslawischen Front einzugreifen und die Bemühungen der Kapilarika in Zentralasien zu unterstützen.
Die starke eurasische Forschung übernimmt die Funktion der kapilarischen Think-Tanks und bietet deren Army neue Aufklärungstechnologie an, mit der asiatische Abwehrstellungen schneller erkannt werden können. Weiter liefert eurasische Forschung neue Schutzanzüge an die kapilarischen Soldaten, die sogar gegen Handgranaten schützen sollen.
Unterstützt wird der Auswärtige Dienst von den eurasischen Unternehmern, die sich halblinks positionieren und den Balkan in wirtschaftliche Abhängigkeit treiben will. Die eurasische Polizei greift ebenfalls ein, um die wirtschaftliche Unterwerfung mit einer Ordnung zu stabilisieren. Mit schnellen Schritten betritt nun die Polizei die gegnerische Hälfte, spielt den Ball kurz zu den Unternehmern, um sich gleich wieder freizulaufen.
Die fundische Glaubensgemeinschaft hat sich mittlerweile hin zu den eurasischen Unternehmern orientiert und versucht, dieser, unterstützt von ihren Millionären, Parole zu bieten. Schon nach kurzem Facing stellt sich heraus, dass die Eurasier über die bessere Versorgungsinfrastruktur verfügen.
Kaum den Boykott durch den Auswärtigen Dienst ausgerufen, fällt das Versorgungsnetz auf dem Balkan zusammen. Die Millionäre sind schlicht nicht in der Lage, in so kurzer Zeit so viele Güter anzuschleppen. Außerdem ist der Balkan nicht der Glaubensgemeinschaft stärkstes Gebiet. Man denke nur an die große christlich-orthodoxe Bevölkerung und die Stammesfäden zwischen den Bosniern und Albanern.
Die Glaubensgemeinschaft hat sich zurückgezogen und die eurasischen Unternehmer können nun schon etwa zehn Meter in gegnerischer Hälfte den Ball in Ruhe stoppen. Mit einem strengen Blick auf die Gegner sorgt sie in ihrem Rückraum für Ruhe. Nun ist erst mal Feierstimmung angesagt und die Arbeit, sprich der Ball, wird wieder auf die Kapilarika übertragen.
Der kapilarische Präsident erhält den Ball. Er ist mittlerweile auf die rechte Außenbahn gewandert. Einerseits, um sich im Sieg seiner kapitalistischen

Mitspieler zu sonnen, zum anderen, um die Angriffe von der östlichen Front voranzutreiben. Es soll Taiwan eingenommen und von dort auf das chinesische Festland vorgedrungen werden. Taiwan gibt sich gleich geschlagen und steht in Minutenschnelle unter kapilarischer Kontrolle.
Auf dem asiatischen Festland allerdings wehren sich die Loyalität, Parteimitglieder und Esoterik so gewaltig, dass weder für den Präsidenten noch die Konzernmanager auf diesem Flügel ein Durchkommen möglich ist.
Der kapilarische Präsident passt den Ball an den 16er zur kapilarischen Army. Die Army gewinnt ein Sprintduell gegen das asiatische Militär. Aber ein Stellungsfehler macht diesen Vorteil zunichte und die Army ist nicht mehr in der Lage, ihren Gegenspieler rückwärtszutreiben. Stattdessen wendet sich rückwärtslaufend die kapilarische Army Richtung Defensive. Die asiatischen Attacken werden aggressiver und schon bald wendet sich die kapilarische Army im Laufschritt Richtung eigene Hälfte.

51. Minute. Eine neue Taktik muss her. Der Angriff auf die Asiaten hat nicht zum ersehnten Erfolg geführt. Neues Objekt der Begierde ist Nordafrika. Wieder nehmen die Kapilarika Kontakt mit den Eurasiern auf. Die erklären sich zu einem Handelsboykott gegen Nordafrika bereit und möchten somit den Einmarsch der kapilarischen Army vermeintlich erleichtern. Auch die Versorgung der kapilarischen Army mit Energie und Lebensmitteln wird von den Eurasiern organisiert.
Die kapilarische Army wird von dem asiatischen Militär bis zur Mittellinie zurückgedrängt. Große Teile Zentralasiens fallen somit den Asias zu. An der Mittellinie spielt die kapilarische Army schließlich der auf der rechten Seite positionierten eurasischen Polizei den Ball zu. Die Polizei verlagert das Spielgeschehen wieder in die Offensive und nimmt im Handumdrehen im Zusammenspiel mit der ebenfalls erneut offensiv orientierten kapilarischen Army Ägypten und Libyen ein.
Sowohl kapilarische Konzernmanager als auch die eurasischen Unternehmer freuen sich auf eine Ausweitung ihres Absatzmarktes und laufen sich auf der rechten Außenbahn frei. Doch haben sie die Rechnung ohne die Tribals gemacht, die nun ihrerseits vom Süden her in den Krieg eingreifen. Dem African Man sind seit jeher die muslimischen Gebiete im Norden des Kontinents ein Dorn im Auge. Zusammen mit seinen Sicherheitskräften, der Armee und der Union of Africa, rückt er in Nordwestafrika

ein und stellt sich den kapilarischen und den eurasischen Offensivkräften entgegen. Diese haben sich im Mittelfeld ein bisschen leichtfertig und überheblich den Ball zugespielt und sind nun von der plötzlichen Gegenwehr überrascht. Die Polizei sieht sich im Zweikampf mit der Union of Africa, die den gesamten Kontinent für sich proklamiert.
Einziger vernünftiger Ausweg für die Kapilaren und die Eurasier ist eine Waffenruhe, um Zeit zu gewinnen und über die Situation nachdenken zu können. Also schießt die Polizei ihren Gegenspieler an und der Ball landet im Seitenaus. Einwurf.

55. Minute. Hm. Was tun? Das rechte Mittelfeld ist gesperrt, dort tummeln sich die tribalischen Spieler. In der Mitte hat das asiatische Militär seine Stellung behauptet und die linke Außenbahn ist weit entfernt. Ein Pass über das ganze Spielfeld ist immer mit Risiko verbunden. Einzige vernünftige Lösung scheint zu sein, auf der rechten Seite ein Kurzpassspiel zu starten und einen Flankenlauf zu versuchen.
Die eurasische Polizei wirft den Ball in die Füße der kapilarischen Konzernmanager. Diese lassen den Ball kurz auf die Army prallen. Die Army setzt zu einem Alleingang gegen die tribalischen Kräfte Armee, Sicherheitsdienste und Union of Africa an. Es gilt, sie auszuschwanzen. Die Army lässt den Ball vom linken auf den rechten Fuß tropfen und versucht per Bewegung des Oberkörpers, ihren Gegner zu irritieren. Aber die an rhythmische Tänze gewohnten Tribals lassen sich davon natürlich nicht einschüchtern. Die Army denkt an einen Lupfer, sie möchte den Ball über die Gegenspieler heben und diese dann umlaufen.
Der Lupfer gelingt. Aber die tribalischen Sicherheitskräfte schaffen es, den Ball aus der Luft auf ihren Spann tatzen zu lassen. Sie ziehen den Ball zum Körper, wenden sich und setzen nun ihrerseits zum Offensivspiel an. Ein kurzer Pass auf die tribalische Armee, die mit dem linken Innenriss flach zur Union of Africa – und auch die Polizei ist ausgetrickst.
In der Mitte hatte sich der African Man freigelaufen. Die Union of Africa spielt einen strammen Pass zu ihm in die Feldmitte. Der African Man wird vom kapilarischen Präsidenten attackiert, merkt, dass er in der schlechteren Ausgangsposition ist, öffnet seine Beine und der Ball läuft durch sie hindurch. Vorbei an dem verdutzten Präsidenten Richtung rechter Flügel. Dort ist Ebola positioniert.

Die eurasische Polizei hatte die Spielstärke von Ebola unterschätzt und sich viel zu weit nach vorne orientiert. Ebola legt sich den Ball, ohne zu stoppen, vor und startet. Auch die asiatische Esoterik startet. Sie rennt in einem Abstand von wenigen Metern hinter Ebola her, wohl, um Fehler ausgleichen zu können. Die kapilarischen Gerichte stellen sich Ebola in den Weg. Ebola legt den Ball geschickt an den stehenden Gerichten vorbei, überläuft diese problemlos und dringt von halbrechter Position in den 16er ein. Es setzt zum Schuss an ... He, was passiert da?
Ebola bricht in sich zusammen. Es wird doch nicht etwa, oh, die Krankheit scheint auszubrechen! Ebola lümmelt sich am Boden und scheint vom heftigen Schmerz hin und her geworfen zu werden. Alle Offensivkräfte der Tribals brechen in sich zusammen. Bahn frei für die asiatische Esoterik! Von hinten kommt sie herangestürmt, zieht ab. Außenrissschuss. Links unten. Keine Chance für die kapilarische Freiheit. Der Torwart ist geschlagen und die Asiaten besetzen ganz Arabien und Nordafrika und ziehen ihre neuen Territorialgrenzen in der Sahara, dem Mittelmeer und am östlichen Balkan.
Der Bevölkerung wird weitläufige religiöse und ideologische Freiheit zugesprochen, solange sie die säkularen Weisungen des Parteivorstands duldet.
Eurasien ist vergleichsweise glimpflich davongekommen. Ja, es hat sogar seine Territorialansprüche auf dem Balkan ausweiten können. Kapilarika hat seinen wichtigen Bündnispartner in Zentralasien verloren und muss nun um die wichtigen Ölzufuhren fürchten – und das 1:1:1:2:1 hinnehmen.
Die asiatischen Zuschauer toben – und ich bekomme aus Peking von meinem Kollegen Ho Chi Minh die Nachricht, dass die Leute in der heiligen Stadt vor Freude mit Schlangenblut herumspritzen.
Die tribalische Mannschaft zieht sich unter Anweisung des Aberglaubens zur Besprechung zurück. Ein Krisenrat wird abgehalten. Ebola kann nur bei ständiger Uneinigkeit ausbrechen. Einigkeit muss heraufbeschworen werden, sonst droht ein erneuter Ausbruch.
Der Schiedsrichter fordert die Spieler zur Ruhe auf. Er möchte das Spiel wieder anpfeifen. Beim nächsten Spielzug soll es um ökonomischen Einfluss gehen. Mal sehen, wer sich bei diesem Spielzug auszeichnet.

57. Minute. Anstoß. Kapilarika ist im Ballbesitz. Als Vordenker des Freihandels hat Kapilarika auf dem Gebiet der Ökonomie viel Erfahrung gesammelt. Konzernmanager und Broker haben ihre Torgefährlichkeit bei diesem Thema bewiesen und stehen nun am Anstoßpunkt. Der Ball wird kurz angespielt. Die Konzernmanager spielen auf den am Mittelkreis wartenden Präsidenten und starten einen Sprint in die gegnerische Hälfte. Konzernmanager links, Broker rechts. Der Präsident stoppt den Ball, blickt auf und schlägt einen langen Ball auf den linken Flügel. Die Konzernmanager bemühen sich, in Ballbesitz zu kommen. Abgefangen!
Die eurasische Presse holt den nunmehr halbhohen Ball auf den Boden herunter und stoppt ihn sicher. Mit den Augen sucht sie der Auswärtige Dienst. Der Auswärtige Dienst entgegnet dem Blick mit einem Nicken und die Presse prescht Richtung Mittellinie los. Was war das wohl für eine Absprache? Mal schauen, was in der Zeitung steht. Ah, hier: *Aufgrund des Nichttolerierens der neuen Umweltauflagen seitens Kapilarikas sehen wir uns zu einem Präventivschlag gezwungen. Sämtliche kapilarischen Güter, die den neuen Umweltvorschriften nicht standhalten, werden ab sofort auf eurasischem Territorium verboten. Wir bitten, diese Maßnahme nicht als Kriegserklärung gegen das kapilarische Volk aufzufassen. Wir haben nichts gegen seine Bürger, sie dürfen ohne Bedenken in unsere Teamregion einreisen. Einzig die hinterlistigen Umweltschänder sollen bestraft werden. Der Auswärtige Dienst.*
Das ist ja ein Knaller. Dieser Streit brennt schon seit Wochen unter den Fingernägeln. Die eurasische Seite hat Angst, dass ihre natürliche Lebensgrundlage zerstört wird. Kapilarika dagegen bevorzugt es, diese scheinbare Herausforderung anzunehmen und ihre Spieler an die neuen Gegebenheiten anzupassen. Um die kapilarischen Spieler an den neuen CO^2-Gehalt in der Luft zu gewöhnen, hatte man den Spielern Nasenpflaster gereicht und in ihre Halbzeit-Getränke gewöhnende Stoffe gemixt.
Die Eurasier holen zum Präventivschlag aus. Zunächst müssen Verbündete gesucht werden. Die Nachricht des Auswärtigen Dienstes wird in den Stadion-Zeitschriften der ganzen Welt verbreitet. Gespannt wartet man auf die Rückmeldungen.
Der Auswärtige Dienst lädt zu einem Gipfeltreffen nach Petersburg ein: Die Asiaten entscheiden sich nach kurzen Gesprächen für einen Pakt mit den

Eurasiern. Vor allem der angebotene Technologietransfer scheint hierbei ausschlaggebend gewesen zu sein. Die Tribals und die Fundias dagegen bevorzugen es, zunächst eine neutrale Position zu beziehen. Ihre Umwelt ist noch weitgehend der Natur überlassen und die wirksamste Methode, mit Wüste und Dschungel umzugehen, muss sich erst noch erweisen. In den Zeitungen werden der Auswärtige Dienst und der Parteivorstand in Handschlagposition abgebildet.
Die eurasische Presse spielt den Ball auf die im Zentrum positionierte kooperierende Forschung. Die eurasische Forschung nimmt das Tempo aus dem Spiel heraus und stoppt den Ball. Zunächst müssen sich die Offensivspieler positionieren und weitere Verhandlungen geführt werden, um die neue ökologische Wirtschaftsdoktrin zu verbreiten.
Der asiatische Parteiführer und der eurasische Auswärtige Dienst entschließen sich, höchste Schadstoffmengen auf Wirtschaftsprodukte in ihren Teamregionen zu formulieren. Bei Nichteinhaltung erfolgt ein Verbot des Wirtschaftsobjektes. Die Kontrolle soll die eurasische Polizei übernehmen. Parteimitglieder und Verfassungsgericht sagen volle Unterstützung zu. Sie wollen den Angreifern den Rücken freihalten.
Der Wissenschaftstransfer nach Asia entwickelt einen enormen technologischen Aufschwung. Dem eurasischen und dem asiatischen Team gelingt es, ihre Offensivkräfte Unternehmer, Grundindustrie, Finanzjongleure und Massenmarkt in Rekordzeit mit Wissen über die neue Technologie auszustatten. Ihnen geht es darum, schnellstmöglich eine Vorbildfunktion aufzubauen, um die noch neutralen Tribals und Fundias davon zu überzeugen, sich einem gemeinsamen Pakt gegen die neoliberalen Wirtschaftsinteressen der Kapilarika anzuschließen.
Die eurasische Forschung spielt den Ball auf die rechte Seite zu den Unternehmern. Die Unternehmer werden von den kapilarischen Konzernmanagern attackiert. Es gelingt dem eurasischen Spieler aber, den Gegner auszutricksen. Die fehlende kapilarische Anpassungsfähigkeit an die Regeln der Exportmärkte macht ihn unflexibel und die eurasische Unternehmer fabrizieren einen schlichten Übersteiger, legt den Ball am Gegner vorbei, macht eine Körpertäuschung und hat den Gegenspieler überlaufen.
Die Unternehmer dringen weiter in die gegnerische Hälfte ein. Der Wissenschaftstransfer ein voller Erfolg! Die Befürchtung eines Zwistes, der aufgrund der fehlenden kapilarischen Importgüter ausbreche, hat sich als nicht

wahr erwiesen. Die Spieler des eurasisch-asiatischen Teams gewinnen die Vormachtstellung im Mittelfeld.
Die asiatische Grundindustrie bekommt den Ball zugespielt. Die Versorgung der eurasischen und asiatischen Spieler ist gesichert und man hat nun die Gelegenheit, sich konkrete Gedanken über eine Angriffstaktik zu machen. Die Grundindustrie spielt einen steilen Pass in die rechte Spitze. In den Lauf der Finanzjongleure. Für sie gilt es, die kapilarischen Broker zu überlaufen. Am 16er wartet die kapilarische Notenbank, um bei einem eventuellen Versagen ihrer Broker einzugreifen.
Geschlossen zieht der eurasische Spieler seine Investitionen von den kapilarischen Märkten zurück und investiert in eurasische und asiatische Projekte in den kooperierenden Teamregionen. Die kapilarischen Broker reagieren mit der gleichen Taktik und ziehen ihrerseits ihre Investitionen aus den verfeindeten Gebieten ab. Es gilt, die hinterlassenen Finanzlücken auf den heimischen Märkten zu decken. Trotzdem gewinnt der eurasische Spieler das Laufduell und erreicht den Ball vor seinem Counterpart. Er setzt zur Flanke an. Abgefälscht!

59. Minute. Eckball! Die kapilarische Notenbank konnte mit ihrem Fuß zum Eckball klären. Zum Glück für ihr Team haben die Stützungsmaßnahmen der Notenbank rechtzeitig gegriffen. Die Mannschaft hat nun Zeit, sich in Stellung zu bringen. Die eurasische Forschung läuft Richtung Eckfahne, um den Eckstoß auszuführen.
Im Strafraum ist schon das obligatorische Gerangel ausgebrochen. Das kapilarische Team hat erfolgreich um die Unterstützung der Tribals geworben. Mag wohl zum Teil an der schwarz-schwarzen Bruderbande liegen. Die Fundias möchten noch neutral bleiben. Zwar schielen sie auch nach den verführerischen Reichtümern Kapilarikas. Der Führer ist aber nicht auf den Kopf gefallen. Er weiß das Knowledge der Forschung zu schätzen und möchte einer zu eiligen Entscheidung entgehen.
Die Forschung bringt den Ball in den Strafraum. Zu einer gefährlichen Situation kommt es jedoch nicht. Der Präsident klärt mit einem wuchtigen Kopfball und der Ball landet etwa 25 Meter vor dem gegnerischen Tor.
Dort liefert sich der Auswärtige Dienst mit den Kolonialgebieten ein hitziges Zweiergespräch: „Warum helft ihr den Kapilaren? Mit ihrem Dreck machen sie unsere ganze Welt kaputt. Wenn es so weitergeht, ist unsere

Menschheit in 200 Jahren tot. Und ihr unterstützt diese Schweinerei auch noch!"
„Halt doch dein Maul! Warum soll ich deinen Worten Glauben schenken? Du kamst in unsere Teamregion, hast dir alles genommen, was du wolltest. Du hast sogar unsere Menschen genommen, verfrachtet und unsere Frauen vergewaltigt. Wir dachten, du kommst in Frieden. Doch du hast uns betrogen. Jetzt sind wir selbstständig."
„Aber dumm. Deine Forschung kannst du nicht fragen, weil du keine Forschung hast. Aber frag doch deine Lebensfreude. Wetten, die will lieber auf weißem Sand statt auf verseuchtem Boden tanzen."
„Du sprichst mit gespaltener Zunge!"
„Nein. Diesmal nicht. Siehst du denn nicht eure Korruption? Abermillionen wurden euren Fans versprochen. Doch alles hat so eine komische Clique eingesteckt. Der African Man allen voran. Mit dem Geld bezahlt er die Sicherheitskräfte und die Armee. Wenn es so weitergeht, gehen eure Fans den Bach hinunter."
Tatsächlich gewinnen die tribalischen Kolonialgebiete den Zweikampf und drängen zusammen mit den Sicherheitskräften und der kapilarischen Police das asiatisch-eurasische Bündnis mit geschicktem Kurzpassspiel bis zur Mittellinie zurück. Kurz vor der Mittellinie haben die Kolonialgebiete so viel Selbstvertrauen getankt, dass sie selber einen Steilpass auf den tribalischen Business Man versuchen. Abgefangen!
Den Tribals wird vor Augen geführt, wie sehr ihre Lebenskraft von den Überweisungen ihrer Gastarbeiter abhängt, die in den eurasischen und asiatischen Teamregionen tätig sind. Das gegnerische Bündnis nämlich hat aus Wut gegenüber der sturen tribalischen Haltung alle Gastarbeiter nach Hause geschickt und damit den Kapitalfluss unterbrochen. Die Beziehungen zwischen Tribalia und Kapilarika sind noch zu schwach, um diesem ökonomischen Rückschritt entgegenzuwirken. Und die Leute in Kapilarika sind misstrauisch. Die Lehre aus dem Stimmungswechsel des Aberglaubens aus der ersten Halbzeit steckt noch tief in den Knochen. Ein zweites Mal ins Unglück laufen wollen sie nicht.
Der asiatische Parteivorstand ist im Ballbesitz. Welche Taktik soll gewählt werden, um die gewählte ökonomische Doktrin über die ganze Welt zu verteilen? Der Auswärtige Dienst bietet den Fundias einen neuen Pakt an: Fundische Stadtarbeiter sollen die Stellung der tribalischen Gastarbeiter in

Eurasien einnehmen. Durch die direkte Tätigkeit im Ausland wird damit ein kostenloser Wissenstransfer stattfinden, so die Sicht des Auswärtigen Dienstes. Dafür bekommen die Eurasier Zugriff auf die fundischen Rohstoffe, um den eurasischen Unternehmern langfristige Planungssicherheit zu gewährleisten. Angenommen!
Nun stellt sich die Frage der Taktik. Sollen Parteivorstand und Auswärtiger Dienst eine aktive Dirigentenrolle übernehmen oder soll der Erfolg besser dem Zufall überlassen werden? Das Kick- und Rushspiel wäre vor allem für die Dschihads gut? Man entscheidet sich für eine aktive Rolle der Spielführer. Der Führer, der seine Liebe zur Anarchie öffentlich nicht äußern darf, stimmt auch dafür. Um den Gegner einzuschüchtern, wird die gewählte Taktik in der Presse international publiziert!
Der kapilarische Außenminister veröffentlicht ein Gegenstatement: „Na, dann versucht es mal. Eure gesetzlichen Regeln zur Durchsetzung der Umweltstandards bringen nichts. Sie erzeugen nur Unheil. Wenn ihr angreift, verteidigen wir uns mit Mann und Maus. Wir vertrauen auf unsere Defensivkräfte. Wir sind schlagkräftig."
Natürlich weiß die eurasische Presse, wie sie mit einer solchen Äußerung umzugehen hat. Bisher greift in Notsituationen immer der Außenminister mit seiner starken Army ein. Es gibt ein großes Verletzungsrisiko für die Stürmer. Aber sollte man es deswegen unversucht lassen, diese Welt zu retten? Die Presse entscheidet mit Nein und veröffentlicht eine Angriffserklärung in den Zeitungen.
Dann geht es los. Die Presse nimmt ihren ganzen Mut zusammen, treibt den Ball auf den Präsidenten zu, überlistet ihn per Übersteiger mit dem rechten Fuß und betritt energisch die Spielhälfte der Kapilaren. Sie spielt einen Doppelpass mit den Sozialen Bewegungen, die sich voll und ganz an der Kampagne beteiligen, und lässt den Ball die Linie entlang auf die asiatische Grundindustrie tropfen. Schon 20 Meter vor dem Tor bekommt die asiatische Grundindustrie den Ball und sieht sich im Zweikampf mit dem tribalischen Ebola. Ebola möchte den Gegner infizieren. Nicht erfolgreich.
Die Grundindustrie steigt einmal über den Ball und legt mit dem Außenriss des linken Fußes den Ball der Linie entlang an Ebola vorbei. Die mitgelaufenen Mitspieler freuen sich schon auf eine Flanke, als sie mit Entsetzen feststellen, dass die Grundindustrie gestolpert ist. In der großen asiatischen Teamregion ist es der eurasischen Polizei nicht möglich, alle Betriebe stän-

dig zu kontrollieren. Zu viele Betriebe haben sich mit Schummeleien über Wasser gehalten. Kaum eine Norm wurde eingehalten. Der Angriffsversuch ist vorerst gestoppt.

60. Minute. Abstoß! Der Parteivorstand tobt: „Wie kann es sein, dass meinen Anordnungen nicht bedingungslos Folge geleistet wird?" Er ist enttäuscht und kündigt strenge Gegenmaßnahmen an.

Der fundische Stürmer ist von der Hoffnungslosigkeit gegenüber der ökonomischen Doktrin seiner Bündnispartner überzeugt und bietet den Kapilaren einen Deal an: „Wir lassen keine neuen eurasischen und asiatischen Wirtschaftsideen, Technologien und Ideologien mehr in unsere Teamregion. Wir verkaufen euch unsere Rohstoffe. Dafür beliefert ihr uns mit euren ganzen materiellen Köstlichkeiten. Weiter lasst ihr uns an eurer Waffentechnologie teilhaben." Der Präsident überlegt kurz: „Es ist immer gefährlich, Waffentechnologien aus der Hand zu geben. Doch wir müssen den Rückstand aufholen. Dafür brauchen wir Partner. Weiter können wir uns die Rohstoffe aneignen. Gut. Eingeschlagen."

Die Freiheit schießt den Abstoß weit in die gegnerische Hälfte. Die kapilarischen Think-Tanks stoppen den Ball, fest davon überzeugt, es den Eurasiern zu zeigen. Deren Idee von umweltgerechten Industrien mag zwar vernünftig sein, höchste Produktionszahlen erreicht man damit allerdings nicht. Schnell entwickeln die kapilarischen Think-Tanks weitere Automatisierungs- und Mechanisierungstechniken. Erfolgreich. Die sichergestellten Rohstoffzufuhren aus Tribalia und Fundia tun ihr Übriges. Die Notenbank verspricht günstige Kredite. Die Wirtschaftsmaschine wird angeschmissen.

Die kapilarischen Think-Tanks spielen den Ball in die Mitte zum Präsidenten, der zusammen mit dem Führer und dem African Man seine Unterschrift unter ein Partnerschaftsabkommen setzt. Der African Man hebt den Ball über die gegnerische Abwehrreihe, um die Konzernmanager auf halblinker Position ins Spiel zu bringen. Die Konzernmanager bombardieren den Gegner mit ihren hohen Produktionszahlen. Tatsächlich können sie das Vertrauen der Fans gewinnen, die in Sprechchören mit „Konzernmanager! Konzernmanager!" anfeuern.

Die Aktienwerte steigen wieder und die kapilarischen Broker erzielen hohe Gewinne. Eurasische und asiatische Spieler schauen neidisch. Die kapilarischen Konzernmanager nutzen die Unaufmerksamkeit in der gegnerischen Abwehrkette und stoppen den Lupfer herunter. Unschlüssig warten sie ei-

nen Augenblick. Der Spieler ist sich nicht ganz sicher, ob seine Schussposition schon ausreichend gut ist, um eine Attacke auf das eurasische Grundgesetz und die althergebrachte Ordnung der Asiaten zu riskieren.
Ohnehin ist es jetzt zu spät für einen Schuss. In der rechten Strafraumhälfte sind die kapilarischen Broker in Aktion gelaufen. Sie bieten sich lautstark an. Die Konzernmanager jedoch passen den Ball nicht. Auf einmal sind sie sich ihrer Sache wieder sicher. Sie genießen die Beihilfe des tribalischen Business Man und der fundischen Millionäre. Außerdem ist in der eurasischen Presse zu lesen, dass die heimische Bevölkerung verunsichert ist, ob die ökologisch-ökonomische Taktik die richtige Entscheidung ihrer Spielführer sei. Die eurasische Polizei, ohnehin mit Aufräumarbeiten in der asiatischen Teamregion beschäftigt, lässt sich mit einer einfachen Körpertäuschung austricksen.
Wieder sehen sich die kapilarischen Konzernmanager in einer aussichtsreichen Schussposition. Doch nun sieht sich das asiatische Militär zum Eingreifen gezwungen und treibt den Gegner Richtung Torauslinie. Die asiatische Bevölkerung beginnt zu murren. Sie ist mit den strikten Kontrollmaßnahmen ihres Militärs nicht einverstanden. Außerdem ist sie neidisch auf die kapilarische Industrieproduktivität. Der Parteivorstand jedoch wäre nicht Parteivorstand, wenn er nicht versuchen würde, seine althergebrachte Ordnung mit Waffengewalt zu schützen.
Zusammen mit dem asiatischen Militär drängt der Parteivorstand die kapilarischen Konzernmanager weiter vom Tor weg. Diese kommen gegen die nackte Gewalt nicht an und rufen die tribalischen Sicherheitskräfte zu Hilfe. Die kommen und schaffen es, mit heftigen Schusswaffenduellen das asiatische Militär zurückzudrängen. Auf einmal bietet sich für die kapilarische Army eine Möglichkeit des Rückpasses von der inzwischen erreichten Grundlinie. Die Chance wird genutzt und der Ball visiert am Fünf-Meter-Eck den mitgelaufenen Außenminister an. Der Außenminister zieht mit vollem Risiko ab. Doch was für eine Krake von Torwart! Er hält den fulminanten Schuss sicher.

So geht das Spiel eine Weile hin und her. Einer eurasisch-asiatischen Großchance folgt eine kapilarisch-tribalisch-fundische Tormöglichkeit. Auf der einen Seite hält der Torwart. Auf der anderen Seite das gleiche Spiel. Grund ist: Es haben sich zwei autarke Wirtschaftsgebilde gegründet. Ihre Systeme

funktionieren völlig unabhängig voneinander. Beide haben ihr eigenes Territorium. Beide benutzen ihre eigenen Energiereserven. Die einen terrestrische Rohstoffe, die anderen regenerative Energien. Sie stehen in keinerlei Handelsbeziehung zueinander. Es ist, als wenn sie auf zwei unterschiedlichen Planeten wohnen würden – und das auf einer Welt.
Die Zuschauer merken die Veränderungen auf dem gemeinsamen Planten. Schließlich stellt sich heraus, dass das Gleichgewicht nur funktioniert, weil es von den Armeen und Militärs so gewollt ist und die Spieler der Autorität ihrer Spielführer unterworfen sind. In einer wahren Welt würde ein solches Gleichgewicht nicht lange halten. Doch eine kurzfristige Veränderung ist nicht in Sicht.
Um den „Buh!"-Rufen der Zuschauer im Stadion entgegenzuwirken, entscheidet der UN-Sicherheitsrat auf ein Unentschieden. Bei dem ökonomischen Spielzug sollen keine Punkte vergeben werden. Es bleibt beim alten Spielstand 1:1:1:2:1.

Wasser – was sonst braucht der Mensch?

72. Minute. Nun geht es um Wasser. Wasser ist das Lebenselexir der Menschen. Die Spieler brauchen Wasser, um Energie zu tanken und um sich nach dem Spiel zu waschen. Leider ist die Ressource Wasser beschränkt. Da die drei Großmächte Kapilarika, Eurasien und Asia zunächst über die bessere Ausgangssituation verfügen, wird der Ball den beiden anderen Mannschaften angeboten.
Der Schiedsrichter schießt den Ball senkrecht in die Luft. Es folgt ein kurzes Gerangel zwischen dem fundischen Führer und dem tribalischen African Man. Der fundische Spieler steht schließlich besser zum Ball und kommt in Höhe der Mittellinie in Ballbesitz. Auf welche Art und Weise soll vorgegangen werden?
Aufgrund der stark steigenden Weltbevölkerungszahl und dem Wandel in der Lebensweise wird immer mehr Wasser benötigt. Immer neue Quellen müssen ausfindig gemacht werden. Die alten Kapazitäten genügen einfach nicht mehr. Auch das Flusswasser wird bereits bis zum Exzess angezapft. Mithilfe von Stauseen und Bewässerungsanlagen versucht der Mensch, das Flusswasser bestmöglich zu verteilen. Doch leider führen seine Versuche oft einen salzigen Beigeschmack mit sich.

In der fundischen Teamregion herrscht besonderer Wassermangel. Trotzdem steigt die Bevölkerungszahl explosiv. Immer mehr Trink- und Badewasser wird benötigt. Weiter verlangen die Privilegierten unter der fundischen Bevölkerung enorme Wassermengen. Im Ausland machen sie die Erfahrung von Wasser im Überfluss. Folge ist, dass sie sich mit dem einen traditionellen Liter pro Person und Tag nicht mehr zufriedenstellen. Sie verlangen nach der Dusche mit dem fließenden Wasser. Nicht auszudenken, wenn die Abermillionen Zuschauer der tribalischen Seifenopern das gleiche Verlangen äußern.
In Tribalia herrscht eine ähnliche Situation. Zwar ist in den tropischen Regionen ausreichend Wasser vorhanden, doch oft von Organismen so verseucht, dass es nicht genießbar ist. Weiter hat man Probleme, die riesigen expotentiellen Ballungsräume zu versorgen. Nur in wenigen Gebieten ist noch genug Wasser vorhanden. Die Bevölkerung dort kann weiterhin ihren täglichen weiten Gang zum Brunnen vollziehen. In den Städten ist auch aufgrund der fehlenden Bewässerungs- und Pipelinesysteme das Chaos ausgebrochen. Noch niemand hat es geschafft, dagegen sinnvoll vorzugehen. Wassernotstände und Ausnahmesituationen sind die Folge. Erschwerend kommt hinzu, dass viele Flüsse verschmutzt oder bakteriell belastet sind. Schon an vielen Seuchen war das dreckige Wasser schuld. Ebola ist sogar als tribalischer Nationalspieler aufgestellt.
Die beiden Spielführer tribalischer Führer und African Man sind sich einig, dass sie nur eine Chance im Spiel um die Meisterschaft haben, wenn sie den Wasserzufluss an ihre Spieler konstant aufrechterhalten. Auch der Enthusiasmus der Fans kann nur mit genügend Wasser aufrechterhalten werden, denn selbst Bier wird mit Wasser gebraut. Wie soll das Ziel erreicht werden?
Man hat schon Abertausende unterirdische Quellen angebohrt. In Libyen hat man sogar mit Hilfe von Tausenden Brunnen einen künstlichen Fluss durch die Wüste gelegt. Folge davon ist ein Absinken des Grundwasserspiegels. Viele Oasen können ein Lied davon singen.
Eine tolle Alternative wäre die Nutzung von Meereswasser. Zunächst müsste das Wasser destilliert und dann salzfrei wieder verflüssigt werden. In Kapilarika wurden in dieser Richtung einige erfolgreiche Experimente vollzogen. Doch bekanntlich ist jede neue Technologie leider teuer. Und intellektuelles Eigentum wird nur selten verkauft.

Eine weitere innovative Errungenschaft wäre eine gut funktionierende Abwassersäuberungsanlage. Man könnte das Brauchwasser in der Landwirtschaft wiederverwenden. Auch diese Erfindung ist schon getätigt. Doch dasselbe Problem wie bei der Meerwasserentsalzung ist existent. Es ist teuer und die besitzenden Teamregionen weigern sich, ihr Wissen kostengünstig und uneigennützig zu teilen.
In den besitzenden Teamregionen werden die neuen Technologien natürlich schon angewandt. So wird in Tel Aviv Meerwasser entsalzt und in Eurasien das Brauchwasser zu 97 % gereinigt. So kommt es vor, dass das Wasser sauberer zurück in den Fluss kommt, als man es vorher bezogen hat. Eine relativ entspannte Abwassersituation ist die Folge.
Die größten Wasserprobleme in Eurasien sind die jährlichen Hochwasser, die Millionenschäden anrichten. Allerdings ist dies menschlich bedingt. Über die letzten Jahrhunderte hinweg wurden viele Flüsse begradigt. Es wurden Uferböschungen hochgezogen und teilweise neue Fließrinnen für die Schiffe ausgehoben. Folge ist eine erhöhte Wassergeschwindigkeit. Steigt die Wassermasse, ist es bis zu einer gefährlichen Überflutung nicht mehr weit. So verliert der Mensch von Zeit zu Zeit die Kontrolle über seine Flüsse. Dann müssen Staudämme gebaut werden und die Teams müssen ihre vereinten Kräfte mobilisieren, um eine weitere Katastrophe, meist durch provisorische Staudämme, zu verhindern.
Der tribalische Führer und der African Man einigen sich auf einen Pakt. Bei der ähnlichen Problemstellung für die beiden Teamregionen bietet sich das an. Außerdem hoffen sie, mithilfe ihres Rohstoffmonopols die anderen Teamregionen erpressen und Technologie gegen Rohstoffe tauschen zu können.
Zunächst versuchen der tribalische Business Man und die fundischen Millionäre, Wasserquellen privat zu erschließen. Das Wasser wird in die Städte gebracht und für teures Geld verkauft. Erhebliche Gewinne werden eingefahren, das Problem der Bevölkerung allerdings nicht gelöst. Da das Ausland unbeteiligt zuschaut, spielen sich die fundischen und tribalischen Spieler den Ball lässig in der eigenen Hälfte zu. Niemand stört sie. Nach dem 14. Querpass kommen Pfiffe aus dem Publikum. „Aufhören, Aufhören!“, schreit es.
Auch die asiatischen Intellektuellen und die tribalischen Kameltreiber reagieren leicht gereizt: Was sind das auf einmal für neue Regeln? Für Wasser

zahlen, was ist denn das? Das Leben ist doch ein Geschenk – und Wasser als Erbrecht seit Jahrhunderten verbürgt. Also wo kommen diese plötzlichen Regeln her? Der Trainer ist dafür verantwortlich, dass jeder Spieler Wasser erhält. Und zwar ausreichend!
Die tribalische Lebensfreude und der African Man sprechen in ähnlichen Tönen. Ihnen war klar geworden, dass bessere Zukunftsaussichten nur mithilfe des Auslands realisierbar sind.
Intellektuelle und Kameltreiber kontaktieren ihren Führer. Der Führer lädt die Rohstoffe und den African Man zu einer Gipfelkonferenz nach Jerusalem ein. Ergebnis ist die Idee, dem Ausland ausreichend Rohstoff als Tausch gegen neuartige Technologien zur Wasseraufbereitung anzubieten. Das Team, das das lukrativste Angebot unterbreitet, soll den Zuschlag bekommen. Der African Man nimmt den Ball und schießt ihn hoch in die Luft in die andere Spielhälfte, in der sich die restlichen Teams tummeln. Kapilarika, Eurasien und Asia begreifen sofort, dass es jetzt keine Freunde mehr gibt. Es geht um ein knallhartes Geschäft. Alle drei Teamregionen sind nur beschränkt mit eigenen Rohstoffen ausgestattet. Die sich umso großzügiger auf den Territorien Fundias und Tribalias befinden. Nun gilt es zuzugreifen, um abgesichert zu sein.

75. Minute. Der kapilarische Präsident nimmt den Ball auf. Schon lange sucht er nach Möglichkeiten, die Versorgung mit dem wichtigsten Systeminputfaktor Öl zu sichern. Zu diesem Zweck hat er seine Konzernmanager und Think-Tanks in die Welt geschickt. Er hat Kriege geführt um diesen Inputfaktor und wegen ihm. Natürlich wird er auch diesmal alles Mögliche versuchen, das Öl unter seine Kontrolle zu bekommen.
Sofort kündigt der Präsident ein attraktives Angebot an. Die anderen beiden Teams schlafen nicht. Auch sie versprechen einen baldigen Vorschlag. Die Spielführer Fundias und Tribalias beschließen, sich für das bessere Angebot zu entscheiden, egal von wem es kommt.
Der kapilarische Präsident spielt den Ball mit der Aufforderung zu den Think-Tanks, dass diese alle Kräfte mobilisieren, um ein lukratives Erstangebot zu artikulieren. Die Think-Tanks stoppen den Ball und entwickeln in Sekundenschnelle ein Grundsatzprogramm. Folgende vier Punkte werden behandelt: Meerwasserentsalzung, Trinkwasserpumpen, Bewässerungs- und Kanalisationssysteme. Sofort wird die Idee zu den Konzernmanagern ge-

spielt, die nun den Grundstein für die Umsetzung des Programms in die Realität legen sollen.
Doch noch scheint es, zu früh für sie zu sein. Die kapilarischen Konzernmanager lassen den Ball geschickt durch ihre Beine laufen, natürlich mit dem Wissen, dass hinter ihren Rücken der Außenminister in Position gelaufen ist. Der Außenminister schnappt sich den Ball und das Programm und stellt in seiner *Rede zum Publikum* die Vorzüge des kapilarischen Angebotes dar.Die Zuschauer sind begeistert. Doch noch im Augenblick der Begeisterung erscheint in hell leuchtender Schrift auf der Anzeigetafel, dass in Asia und Eurasien ähnliche Programme entwickelt werden. Der Außenminister spielt den Ball zurück zu den Think-Tanks. Diese sollen das Programm weiterentwickeln. Es geht darum, das Programm auf die Probleme der spezifischen Region zuzuschneiden.
Die Think-Tanks halten den Ball, scheinen nachzudenken und spielen quer auf die Police. Der Ball kommt zurück, landet bei den Gerichten. Der Ball wird im Defensivbereich hin und her gespielt. Keiner scheint eine zwingende Idee zu haben. Oder will man es dem Gegner nur schwer machen, an den Ball zu kommen?
Endlich ist das kapilarische Programm reif zur Veröffentlichung und der Ball wird zum an der Mittellinie positionierten Präsidenten gespielt. Das Programm wird einer Abschlussprüfung unterzogen. Der Präsident nimmt das Programm an und beruft am Spielfeldmittelpunkt ein Gipfeltreffen mit dem African Man und dem Führer ein. Voller Enthusiasmus präsentiert er das kapilarische Programm.
Doch an den Mienen der Verhandlungspartner merkt er, irgendwas kann nicht stimmen. Diese rücken mit der Sprache raus: Der Grund ist, dass die Asiaten ein ähnlich gutes Angebot gemacht haben.
Hm. Der Präsident ist empört: „Jetzt muss man diesen Hinterwäldlern von Fundias und Tribals schon mehr als Technologie und Güter liefern. Na, die werden was erleben!“ Wütend steigt er in der ihm ureigenen Weise auf den Ball, rutscht rückwärts wieder runter und spielt einen scharfen Querpass zur Notenbank. Die soll Geld drucken, Geld rausrücken, um die Verhandlungspartner zu ködern. Ein entsprechendes Dollarangebot hat noch jeden kleingekriegt.
Anstatt den Ball wie erwartet zum Präsidenten zurückzuspielen, schnappt sich die Notenbank den Ball und spielt ihn nach hinten, zur Police. *Lieber*

Präsident, wenn wir Geld drucken, steigt die Inflation und die Finanzjongleure ziehen ihr Geld aus unserer Teamregion ab. Wir drucken kein Geld! steht am nächsten Tag in der Zeitung. Und weiter: *Liebe Police, kümmern Sie sich mal um die Machenschaften dieses eigenwilligen Präsidenten. Es kann doch nicht sein, dass er alles machen darf, was er möchte, nur weil er Präsident ist.*
Die kapilarische Police, ziemlich ratlos, was sie mit dem Ball machen soll – schließlich ist der Präsident ihr Spielführer –, schlägt einen langen Ball die Linie entlang zu den Konzernmanagern. Vielleicht kennen die ja eine Alternative.
„Hm, was können wir tun? Wir brauchen die Rohstoffe“, überlegt sich der Rat der Konzernmanager. „Sollen wir alle Maschinen selber montieren? Dann müssen wir alle unsere Fachkräfte ins Ausland verlegen. Sollen wir tribalische und fundische Bevölkerung als Gastarbeiter zu uns holen? Was können wir ihnen bieten?“ Mangels Einfallsreichtums verstolpern die Konzernmanager den Ball. Einwurf Eurasien.

77. Minute. Nun ist das eurasische Team in Ballbesitz und kann seinerseits ein Angebot unterbreiten. Die Sozialen Bewegungen haben den Ball. Noch bevor sie den Einwurf ausführen, erklären sie in einer Presseerklärung zusammen mit den Gewerkschaften, dass sie grundsätzlich hinter den Bemühungen um ein gutes und gerechtes Programm stehen. Immerhin ist der Grundkonsens ihrer Anstrengungen, eine gerechtere Welt zu schaffen.
Einwurf zum Auswärtigen Dienst. Der lässt den Ball zurückprallen. Er ist für Öffentlichkeitsarbeit und Präsentation zuständig. Die Ideenentwicklung muss jemand anderes machen. Die Sozialen Bewegungen bevorzugen ebenfalls die Präsentation der Entwicklungsarbeit und spielen einen Pass ins zentrale defensive Mittelfeld, wo die Forschung wartet.
Nun muss die eurasische Forschung helfen, ein wirkungsvolles Programm auszuarbeiten. Sie stoppt den Ball, denkt nicht lange nach und spielt den Ball mit einem verbesserten Programm zum Auswärtigen Dienst an die Mittellinie: Meerwasserentsalzung, Bewässerungs- und Abwassersysteme, Trinkwasserpumpen, Stauseen und Wasserenergiewerke – gekoppelt mit einem Programm zur Einhaltung von Menschenrechten.
Der Auswärtige Dienst publiziert das Angebot im Doppelpass mit der Presse. Es überschreitet die Mittellinie und spielt einen Ball in den Lauf der

Unternehmer. Diese erreicht den Ball, bekommt aber keine wirkliche Angriffsmöglichkeit und lässt den Ball zurück zur Notenbank tropfen.
Die eurasische Notenbank unterstützt die Bemühungen mit einer Zinssenkung, um den Unternehmern mehr Investitionskapital zur Verfügung zu stellen. Im ganzen Team herrscht Investitionserwartung.
Die Finanzjongleure bieten sich mit Vorfreude am 16er an. Sie bekommen den Ball, stoppen ihn, drehen sich einmal um die eigene Achse, entscheiden, dass es noch zu früh für einen Torschuss ist und spielen den Ball zurück zum Auswärtigen Dienst. Der Auswärtige Dienst fordert den Verhandlungspartner energisch auf, sich doch endlich zu entscheiden. So ein gutes Angebot kommt nicht so schnell wieder.
Das fundisch-tribalische Bündnis reagiert cool. Erst will es das Angebot der Asiaten abwarten. Das Angebot der Eurasier ist zwar nobel, jedoch ist es wieder an Auflagen geknüpft, die der Führungsriege in Fundias und Tribals nicht schmecken: Menschenrechte, wer braucht denn so etwas?
Der asiatische Parteivorstand übernimmt den Ball und heizt seine Mitspieler an: „Wir müssen ein ernsthafteres Angebot vorlegen als unsere Kontrahenten! Auch lassen wir den Quatsch mit den Menschenrechten, was geht denn uns die Menschenrechtssituation in den anderen Teamregionen an?“
Der Ball läuft in der Abwehrreihe quer. Er landet bei der Loyalität, dann bei den Parteimitgliedern und dem Militär, bis er schließlich an der Mittellinie in den Kontrollraum der Wissenschaft gelangt.
Die asiatische Wissenschaft stoppt den Ball, überlegt kurz und kündigt folgendes Programm an: Bewässerungssysteme, Meerwasserentsalzung, Kanalisationssysteme, Abwasserreinigung, Stauseen, Wasserelektrizität und zusätzlich Wissenschaftstransfer.
Dem tribalischen Business Man und den fundischen Millionären steht somit die Möglichkeit offen, wirklich in den Besitz der benötigten Technologie zu kommen. Langfristig ist der angebotene Wissenschaftstransfer der erste Schritt in die technologische Unabhängigkeit vom Rest der Welt.
Fast schüchtern spielt die asiatische Wissenschaft den Ball zurück zum Parteivorstand. Ist dieser bereit, ein so weit reichendes Angebot mitzutragen? Immerhin würde bei der Durchführung des Projekts zum Teil staatseigenes Wissen geteilt. Der Parteivorstand entscheidet sich dafür. Es steht viel auf dem Spiel, die tribalischen und fundischen Rohstoffe sind für die Grundindustrie dasselbe wie der Reis für die Asiaten. Nur benötigt der Par-

teivorstand die Zustimmung der Esoterik. Um deren Zutrauen zu testen, spielt er ihr den Ball auf den linken Flügel in die Füße.
Ohne zu zögern nimmt die Esoterik den Ball und orientiert sich weiter nach vorne. Klar empfindet sie es als nicht gut, Teamwissen zu veräußern, doch ist sich die Esoterik auch dessen bewusst, wie wichtig ein direkter Zugriff auf die Rohstoffressourcen ist. Also schluckt sie das Angebot und ordnet sich in das Offensivspiel ein.
Die Esoterik macht einen Hacken, umspielt die kapilarische Notenbank, tunnelt den Außenminister und schlägt den Ball diagonal auf die rechte Seite zur Grundindustrie. Die Grundindustrie tritt als Lehrmeister für die Fundias und Tribals auf. Den Schülern müssen nicht nur technische Raffinessen beigebracht, sondern vor allem erklärt werden, was Effizienz bedeutet. Die Maschinen müssen nicht nur installiert, sondern auch ständig gewartet werden.
Tatsächlich tendieren Tribals und Fundias dazu, dass asiatische Angebot anzunehmen. Den anderen beiden Mitbietern passt das natürlich gar nicht. Die eurasische Presse reagiert am schnellsten. Über alle großen Medien schaltet sie Anzeigen zur Unzuverlässigkeit der asiatischen Grundindustrie: *In den asiatischen Schulen lernt man nichts, die Schüler verblöden dort.* Und: *(...) man soll doch besser den gut ausgebildeten eurasischen Facharbeitern vertrauen.* Der Auswärtige Dienst hilft bei der Attacke. Man sei bereit, alles Wissen, das zur Wartung der Maschinen notwendig ist, in die Empfängerländer zu transferieren, erfahren die Fundias und Tribals. Tatsächlich kommt ein Dankeschön als Antwort, immerhin ist *Made in Eurasia* ein Markenname, und das eurasische Angebot wird in die Pool-Position geschoben.
Die asiatische Grundindustrie wehrt sich und verspricht, ihre exportierende Grundindustrie unter strenge Kontrolle zu stellen, um vor Ort einen vernünftigen Service gewährleisten zu können. Sie kann den Ball zunächst behaupten, wird aber von zwei Gegenspielern zur Eckfahne getrieben. Dort setzt sie sich gegen den ersten durch und möchte gerade zu einer Flanke ansetzen, als die kapilarische Army angerutscht kommt. Laut schreit sie: „Liebe Fundias, liebe Tribals, wir haben jetzt lange zugeschaut, doch jetzt haben wir keine Geduld mehr! Wenn ihr uns nicht sofort den Zugriff auf eure Rohstoffe gewährt, dann nehmen wir unter Anwendung von Gewalt Besitz von ihnen.“

Dieses schlagkräftige Argument zeigt natürlich seine Wirkung. Der Grundindustrie misslingt die Flanke und der Ball landet in den Füßen der kapilarischen Army. Diese steht schnell auf und rüstet nun ihrerseits zum Angriff. Mit schnellen Schritten treibt sie den Ball aus der eigenen Hälfte. Es folgt ein Flachpass an die Mittellinie zu den wartenden Konzernmanagern. Diese sind bereit, allen Konzessionen, die von den anderen Teams vorher mit den Vertragspartnern ausgehandelt wurden, zuzustimmen und lassen den Ball auf den mitgelaufenen Präsidenten prallen.
Der Präsident stoppt den Ball und überschreitet mutig die Mittellinie. Jetzt ist er bereit, Nägel mit Köpfen zu machen. Der eurasische Auswärtige Dienst stellt sich ihm entgegen. Er möchte teilhaben an dem Topf voller Rohstoffe. Der Präsident lehnt Kooperation ab und schwanzt, mit der eigenen Army im Rücken, den Auswärtigen Dienst mit Leichtigkeit.
Die eurasische Forschung stellt sich in den Weg. Sie übt sich in Defensivarbeit und weist den Präsidenten darauf hin, dass seine Region überhaupt nicht im Besitz des nötigen Know-hows sei. Daher bieten sie helfende Wissenstransfers an. Der Präsident stockt einen Augenblick. Er weiß nicht genau, wie hoch der wissenschaftliche Standard seines Teams ist. Suchend blickt er sich um. Er entdeckt seine Think-Tanks in der linken Spielhälfte und spielt den Ball quer, um ihre Meinung zu testen.
Selbstbewusst nehmen die kapilarischen Think-Tanks den Ball auf. Sie stürmen auf der linken Seite weiter nach vorne. Die Konzernmanager haben sich derweil an der linken Außenlinie in Position gelaufen und sind Richtung Eckfahne gestartet. Die Think-Tanks spielen ihnen den Ball in den Lauf. Die Konzernmanager erreichen den Ball und flanken direkt. Der Präsident hat sich zur 16-Meter-Linie bewegt und orientiert sich nun Richtung Elf-Meter-Punkt. Er sieht den Ball kommen, steigt hoch, vergewissert sich bei den Fundias und Tribals. African Man und Führer nicken ihm freundlich zu. Der Präsident erwischt den Ball mit der Stirn und köpft ihn unhaltbar für den Torwart ins linke untere Eck. Tor! Tor!
Ausgleich! Führung! Was auch immer. Es steht 2:1:1:1:2. Die kapilarischen Fans jubeln: „Heya, unser Präsident! Heya, unser Präsident! Heya, unser Präsident! Wir lieben dich! Danke!" Die kapilarischen Fans haben eine Traube gebildet und scheinen ihren Torschützen schier zu erdrücken.
Langsam löst sich die Traube. Der Schiedsrichter ruft zu Eile auf. Es ist nicht mehr lange zu spielen und er hasst Verzögerungen. Willkürlich ver-

teilt er einmal, zweimal, dreimal die Gelbe Karten. Doch aufgrund des Endspurts scheint das die Spieler nicht mehr zu interessieren.

Ideologie – das Zentrum

Nein, liebe Zuschauer! Das Spiel ist noch nicht zu Ende. Noch steht das Ergebnis beim Spiel um die beste Ideologie aus. Der Gewinner dieses Spielzuges wird das Spiel gewinnen. Es werden zwei Torpunkte verteilt. Somit kann noch jedes Team Weltmeister werden.
Folgender Modus wird gespielt: Die Teams bekommen nacheinander den Ball und müssen ihre Teamfähigkeit beweisen. Welches Team spielt am schönsten? Welches am effizientesten? Welches am unterhaltsamsten? Wie sie das machen, wird ihnen überlassen. Danach entscheidet das Publikum per Telefonabstimmung über den Gewinner.

81. Minute. Im Ballbesitz sind die Tribals. Sie sind als letzte Mannschaft in das Spiel eingetreten, also sollen sie nun als erste die Chance bekommen, ihr Können unter Beweis zu stellen. Ebola ist im Ballbesitz. Sie ist zwar ein ewiger Unsicherheitsfaktor, schließlich weiß man nie, wann sie wieder ausbrechen wird, ist aber trotzdem ein wichtiger Bestandteil des Teams. Ebola spielt den Ball zur Union of Africa.
Die afrikanischen Staaten begreifen so langsam, dass ihre beste Chance ist, im Weltsystem zu bestehen, eine Einheit zu bilden, die nach außen und nach innen geschlossen auftritt. In einem anarchistischen System ist es schwer, Entscheidungen zu fällen, mit denen jeder einverstanden ist. In diesem Fall klappt alles reibungslos und die Union of Africa spielt den Ball weiter auf die Korruption.
Die Korruption lässt den Ball geschickt weiterlaufen, auf den hinter ihr lauernden Business Man. Dieses Zusammenspiel mutet nach Einigkeit zwischen diesen beiden oft verstrittenen Spielern an.
Der Business Man ist froh über dieses Zeichen der Zuneigung, ist sich aber nicht sicher über dessen dauerhaften Bestand. Er stoppt den Ball ein und spielt ihn zurück zu dem derzeitigen Verteidiger Kolonialgebiete.
Die Erfahrung der Kolonialgeschichte haben alle Spieler gemacht. Jeder von ihnen weiß, was es heißt, einen Trainer zu haben, der auf harte Trainingsmaßnahmen zurückgreift. Stundenlang hat man sie über den Platz

gescheucht, sie Tausende Liegestützen machen lassen und mit Ausdrücken schikaniert, die unter die Gürtellinie gehen. Bezeichnend sind die Vorkommnisse in Südafrika. Der Trainer dort hat jeden abgeknallt, der es nicht schaffte, 150 Liegestützen am Stück zu machen. Solche Erlebnisse schweißen zusammen. Lernen die Spieler auch aus ihnen?
Die Kolonialgebiete spielen den Ball auf die linke Seite zum Aberglauben. Der Aberglaube schaut sich, wild gestikulierend, um, als wenn er nicht wüsste, was er mit dem Ball machen soll.
In der Tat ist es bei der afrikanischen Völkervielfalt nicht ganz einfach herauszubekommen, welcher Aberglaube zurzeit praktiziert wird. Die Anschauungen divergieren oft extrem. Die einen glauben an die Stärke des Krokodils, die anderen an die des Baumes oder der Sonne; der stärkste Aberglaube ist der, der sich nicht beirren lässt. Und Aberglaube nimmt sich den Ball auf den Spann und hält den Ball kunstvoll in der Luft. Nach bester Maradona-Manie lässt er ihn über die Schultern rollen und auf der Stirn ruhen. Andere Spieler haben einen Kreis gebildet und klatschen rhythmisch im Takt. Die Lebensfreude gesellt sich zu dem den Ball führenden Aberglauben.
Die beiden jonglieren zu zweit. Sie führen ein künstlerisches Duett auf. Der Ball wird mit dem Kopf übergeben, auf dem Außenriss jongliert und mit dem Nacken aufgefangen. Das Endspiel wird doch nicht etwa zur Party ausarten? Es fehlt nur noch, dass der Sportgerichtshof Calpiriniha bringen lässt.
Ah! Da kommt die Lösung schon näher und zwar in der Farbe Schwarz des Referees. Zunächst hat er dem Spektakel mit Wohlwollen zugesehen. Dann aber auf die Uhr geschaut und gemerkt, dass nicht mehr lange zu spielen ist. Genauer gesagt, läuft die 82. Spielminute und der Schiedsrichter fordert die Spieler auf, doch bitte weiterzuspielen.
Die Lebensfreude lässt den Ball auf ihren Spann des rechten Fußes fallen. Sie merkt, dass die Gegenspieler im Moment ein wenig unkonzentriert sind, tippt den Ball an und schlägt einen weiten Pass in die gegnerische Hälfte. Dorthin haben sich die privaten Sicherheitskräfte bewegt. Ihr Ding ist das lockere Leben nicht. Sie stehen eher für das knallharte Durchsetzen von Interessen. Die Waffe ist schneller gezogen als die Trommel. Nun stoppen sie den Ball und überlegen, welcher Spieler wohl die nächste günstigste Anspielmöglichkeit sei. Langsam lösen sich die Spieler aus der Spaßtraube.

Die Armee ist am schnellsten und bietet sich an der Mittellinie kurz an. Auch sie schiebt den Spaß am Leben zur Seite. Ziel ist der Sieg und in diesem Fall der Beweis eines funktionierenden Systems. Die Armee ist bemüht, wieder Ordnung ins Spiel zu bringen. Der African Man ist einverstanden und bietet sich kurz an. Als Spielerführer besitzt er Autorität. Außerdem ist er ein bekannter Motivationskünstler. Er bekommt den Ball von der Armee zugespielt, stoppt ihn und spielt ihn auf die Rohstoffe.
Möchte man die beste Ideologie beweisen, müssen alle Spieler effizient eingesetzt werden. Den Rohstoffen mit ihrer Fähigkeit, Güter zu produzieren, kommt dabei eine ganz besondere Rolle zu. Die Rohstoffe spielen einen Doppelpass mit der Union of Africa. Ziel ist es, ein Vertragswerk aufzubauen, das die ungerechte Ausbeutung der Rohstoffe ein für allemal beendet. Geschafft!
Der Ball wird steil auf die linke Seite zu den Sicherheitskräften gespielt. Die Sicherheitskräfte werden gebraucht, um eventuellen Abweichungen gegen das Vertragswerk entgegenzutreten. Die Sicherheitskräfte stoppen den Ball, machen aber sofort deutlich, dass ihre Ordnungskräfte gegen den anarchischen Willen ihres Volkes kaum durchsetzungsvermögend sind. Sie brauchen Hilfe. Und schon bietet sich die Armee an.
Die Armee bekommt den Ball am 16er-Eck kurz zugespielt. Hm. Was tun? Das mit den Rohstoffen scheint zu funktionieren. Die Streithälse Lebensfreude und Korruption haben sich dem Team untergeordnet und die Union of Africa hält die verschiedenen anarchischen Strömungen still. Das Team funktioniert gut und eigentlich kann nur noch ein individueller Fehler zum Ballverlust führen. Diesen herausfordernd spielt die Armee den Ball Richtung Business Man.
Der Business Man stellt mit großer Verwunderung fest, dass die Korruption angegrätscht kommt. Wohl hatte ihm ein anderes Team viel Geld geboten. So schnell kann Geld Einigkeit zerstören.
Die Folge der Spielerkollission ist ein Pressschlag. Der Ball fliegt hoch in die Luft und nähert sich der Erde wieder mit einem unheimlichen Drall. Der Ball landet zwischen den liegenden Spielern und springt dann, vergleichbar mit einem Topspin-Aufschlag beim Tennis, über die ausgestreckten Beine der beiden Spieler hinweg und landet in den Füßen des kapilarischen Präsidenten.

83. Minute. Der Präsident stoppt den Ball, hebt den Arm und konzentriert sich zunächst einmal. Was tun? Das Spiel ist bald zu Ende. Es steht 2:1:1:2:1. Wer in den nächsten paar Minuten die besten Aktionen liefert, wird der neue Weltmeister sein. Auf zur Attacke!

Der Präsident signalisiert seinen Mitspielern, noch einmal alle Kräfte zu sammeln. Er versucht zu motivieren und den Zusammenhalt zu stärken, indem er über die Boshaftigkeit der Schurkenstaaten in perfekter Propagandamanier spricht:

„Wir glauben an uns, das Volk auf dieser Welt, das auserwählt ist. Und an unser Marktsystem, Freiheit, Geld und die Macht des Stärkeren. Lange hat die Menschheit gebraucht zu begreifen, wie mächtig wir sind. Jetzt stellen wir es unter Beweis. Lasst uns unsere Kräfte sammeln und gemeinsam agieren gegen die Schurken, die da wären: Eurasien, Asia, Tribalia und Fundia. Jungs! Auf! Jetzt noch einmal alles geben!“

Bezeichnend stoppt er den Ball mit seiner Fußsohle und steigt auf den Ball. „Auf geht's! Wer hat einen Vorschlag?“ Sein bester Kollege Army bietet sich an: „Hey, Chef! Logo bin ich dabei. Wir sind die Auserwählten. Jetzt zeigen wir denen einmal, was eine Hacke ist. Wir verbreiten unsere Doktrin und unsere Ideologie über die ganze Welt!“ Die Army bekommt den Ball kurz zugespielt und fordert Police und Gerichte auf, sich an einer von ihr vorgegebenen Marschroute zu beteiligen.

Die Police sagt sofort zu. Die Gerichte sind skeptisch. Die Police bekommt den Ball. Sie stoppt ihn und wendet sich frontal den Gerichten zu:

„Wie, ihr wollt nicht mitspielen?“

„Nein! Es ist uns zu gefährlich, unsere Autonomie aufs Spiel zu setzen. Ihr seid dafür bekannt, eure besten Freunde später links liegenzulassen.“

„Ach, kommt. Wir versprechen euch, dass eure Selbstständigkeit nie angegriffen wird. Wir verfolgen die gleichen Ziele. Wir versprechen euch vollkommene Handlungsfreiheit. Wir versprechen euch, für die Sicherung eurer Unabhängigkeit zu kämpfen.“

„Wir glauben euch nicht. Wir sind für Gerechtigkeit. Für die Gleichheit von Arm und Reich. Eure Auslegung von Freiheit kennen wir. Ihr beschützt nur die Reichen. Die Kleinen sind euch egal. Beschwert sich ein Penner von der Straße, dass ein Reicher auf ihn spuckt, ist euch das egal.“

„Stopp! Ihr seid auch nicht besser. Man kann sich nicht um alles kümmern. Außerdem sind es immer noch wir, die die verhaften, die ihr später verurteilt. Ohne uns gebe es euch gar nicht. Ist euch das eigentlich klar?"
„Hm. Ja."
„Seht ihr? Und jetzt nehmt den Ball und spielt brav mit."
Mit diesen Worten spielt die Police den Ball zu den Gerichten. Die Gerichte stoppen den Ball und ordnen sich diesem Quasi-Befehl unter. Die Gewaltenteilung besteht halt doch bloß auf dem Papier! Seitdem die Wahl das Spielfeld verlassen hat, merkt man das noch deutlicher. Das Wort Gerechtigkeit wurde seitdem unterschlagen. Nicht dass der Präsident ein schlechtes Spiel machen würde, er spielt gut. Doch manchmal hat man den Eindruck, dass er das Monopol an sich reißen und alles alleine machen möchte. In der Kabine soll er angekündigt haben, dass wenn einer sich über seine Spielweise beschwere, Gefahr laufe, nicht mehr angespielt zu werden. Also sind die Gerichte lieber leise und unterstützen das präsidentielle Monopol.
Schnell spielen die Gerichte den Ball weiter zur Army. Die Army zurück zur Police. Das Zusammenspiel klappt gut.
Die Konzernmanager, erfreut über die scheinbare Harmonie, planen sofort nachhaltige Zukunftsinvestitionen: Nur in einem Land, in dem Ruhe herrscht, sind langfristige Investitionen möglich. Ohne Vertrauen in das System gibt es nur Risikospekulationen. Die Konzernmanager bieten sich an.
Police und Gericht sind froh über diesen Verbundenen aus der Zivilgesellschaft. Es kommt nämlich vor, dass sie beschimpft werden. Die Konzernmanager dagegen stehen im Sonnenschein. Ihnen folgt das Volk. Auf ihre Parolen wird gehört. Die Konzernmanager stoppen den Ball im Mittelkreis. Um ein Zeichen zu setzen, stellen sie sich wie der Präsident wenige Minuten zuvor auf den Ball. Die Brust wird rausgestreckt und die Hand findet für einen kurzen Augenblick ihren Weg zum Herzen.
„God save Kapilarika", blitzt mir bei diesen Bildern durch den Kopf. Die Konzernmanager spielen den Ball kurz auf die Broker. Gemeinsam sind sie für Investitionen zuständig. Der eine sorgt für die materielle Grundlage, der andere für die praktische Umsetzung. Geld muss schließlich erst in Güter, Nahrung oder Wissen umgetauscht werden, bevor es etwas wert ist. Um ihre gute Zusammenarbeit unter Beweis zu stellen, spielen die Broker und Konzernmanager den Ball an der Mittellinie ein paar Mal quer.

Die Think-Tanks gesellen sich zu ihnen. Sie sind von zwei Seelen beseelt. Zum einen geht es ihnen um eine unabhängige Wissenschaft, ohne staatlichen Einfluss. Zum anderen können sie ohne die Fördergelder von Staat und Wirtschaft nicht forschen. Somit ist es in dieser Spielsituation die beste Entscheidung, sich beiden anzuschließen.
Alle Gewissensbisse zur Seite wischend nehmen die Think-Tanks den Ball auf. Zwei Ballkontakte später verkünden sie: „Wir haben endlich das Rätsel der Laserleiter enträtselt. Nun sind wir in der Lage, ähnlich wie in einem Stadion, ein Dach über unser Land zu ziehen. Kommen Angriffe von außen, schalten wir die Abwehrmauer ein. In Sekundenschnelle bildet sich eine Kuppel über unserem Territorium. Damit werden wir auf lange Sicht unverletzlich sein. Kein Störenfried von außen wird diese Mauer durchbrechen können!"
Bei diesen Worten heben die Think-Tanks den Ball zweimal hoch, lassen ihn in den Nacken fallen, dann über den Rücken runterrollen und geben ihm mit der Hacke einen kräftigen Stoß. Der Ball landet genau in den Füßen der Konzernmanager.
Die Konzernmanager nehmen den Ball und freuen sich über die nun folgenden Bauaufträge. Die Police beschwert sich beim Präsidenten: „Wenn die Army nicht mehr beim Außenschutz gebraucht wird, dann bekommen wir Konkurrenz. Wir verlieren unsere Arbeitsplätze."
Doch der Präsident spricht ein Machtwort: „Diese Technologie bietet uns die Chance, auf unbestimmte Zeit unverwundbar zu sein."
Damit sind die Einwände der Police zur Seite gewischt. Der Außenminister schließt sich mit folgenden Worten an: „Lang lebe Kapilarika!"
Die Konzernmanager spielen den Ball zu den Gerichten. Der Präsident verlangt von ihnen, den Bau des Abwehrschirms zu legitimieren. Der Bauauftrag soll gesetzlich festgeschrieben werden. Die Gerichte fügen sich bereitwillig. Schließlich schwindet damit die Chance eines Gegentors. Vor den gegnerischen Armeen ist man sicher. Einzig die Dschihads können noch nicht ausgeschaltet werden, da man aus Handelsgründen nicht alle kontrahierenden Teammitglieder aus der eigenen Region verweisen kann.
Die Police muss daher ins Spiel eingreifen. Nur die Führung eines genauen Datenregisters und weitere Präventionsmaßnahmen versprechen Sicherheit vor unerwarteten, in der heimischen Region geplanten, Angriffen. Die Gerichte spielen einen strammen Innenrisspass zur Police. Sie soll sich fügen

und mitspielen. Auch der Präsident schreit: „Hey! Jetzt mach gefälligst mit! Sonst ist ein freies Leben in unserer Region nicht mehr möglich!"
Also stoppt die Police brav den Ball, schaut ihn mitleidig an und betätschelt ihn tröstend mit dem rechten Fuß: „Na, lieber Ball? Wo du wieder überall herumgeschmissen wirst, nirgendwo hast du deine Ruhe! Du weißt von so vielen Verschwörungen, und trotzdem bleibst du rund!" Damit spielt sie den Ball zur Freiheit, die wartend im Tor steht. Sie ist so gerührt von der Sorge, die sich die Mitspieler um die kapilarische Freiheit machen, dass sie den Ball in die Arme nimmt. Da ertönt der Pfiff. Unerlaubter Rückpass.

85. Minute. Die Fundias haben den Ball. Der Führer nimmt ihn an sich und versammelt seine Spieler um sich: „Oh. Ihr Gläubigen. Seht, hier habe ich den Ball. Lasst uns nun den Beweis antreten, dass wir besser sind als alle anderen. Lasset uns zusammen helfen und das Reich Allahs errichten. Allah helfe uns dabei!" Zusammen mit den Mitspielern wirft er sich, in Form der Mannschaftsaufstellung, vor dem Ball auf den Boden, als wenn die Dschihads die Funktion des Vorbeters übernehmen würden.
Nun steht der Führer auf, er kniet sich vor den Ball. Laut singt er: „Jetzt geht es um alles, liebe Gläubige! Allahu Akbar." Dann geht er zurück auf seinen Platz.
Die Religionsgesetze stehen auf und knien sich vor den Ball. Sie singen: „Allah, du hast in mir veröffentlicht, was du willst, dass diese Menschen tun auf dieser Welt. Ich verspreche dir, ich werde dafür sorgen, dass alle Menschen dieser Erde mich lesen. Ich werde dafür sorgen, dass alle Menschen erfahren, was in mir steht. Gib mir Kraft. Allahu Akbar!"
Die Glaubensgemeinschaft steht auf und kniet sich vor den Ball. Sie singt: „Allah, wir Gläubigen werden dein Reich auf dieser Welt erschaffen. Wir werden der Gemeinschaft Gottes Bilde. Wir werden tun, was du uns in dem heiligen Buch lehrst. Wir werden beten und fasten, wir werden allen Gesetzen folgen. Allahu Akbar." Die Glaubensgemeinschaft geht zurück auf ihren Platz.
Der Gottesstaat tritt vor, kniet nieder und singt: „Lieber Allah. In mir soll verwirklicht werden, was du für uns ausgesucht hast. In meinen Fünf-Meter-Raum wird niemand mehr kommen, der nicht dein Recht befolgt. Versucht er es, werde ich ihn davon abhalten. Wehrt er sich, werde ich mich zu wehren wissen. Allah, ich danke dir für diese Chance. Allahu Akbar!"

Die Kameltreiber gehen vor, knien sich nieder und singen: „Allah, du hast Mohammed das Wort in der Wüste gegeben. Du hast mit ihm gesprochen, dort auf den Sandhügeln. Du hast ihm und vielen späteren Generationen geholfen, durch die Wüste zu ziehen, zu handeln und zu leben. Wir geben unser Leben dafür, nachempfinden zu dürfen. Allahu Akbar!“ Sie gehen zurück zu ihrem Platz.
Die Stadtarbeiter stehen auf, knien sich vor den Ball und singen: „Allah, wir werden für dich arbeiten. Wir werden das Land zum Blühen bringen. In unseren Familien werden wir lehren, was in den Religionsgesetzen steht. Wir werden dein Gesetz befolgen und das schaffen, was du für uns willst, Allahu Akbar!“ Sie gehen zurück auf ihren Patz.
Die Millionäre stehen auf, knien vor den Ball und singen: „Allah, wir werden schöne Städte für dich bauen. Wir wissen, dass das irdische Leben nicht unser Leben ist. Wir wissen, dass im Paradies vieles schöner wird. Aber wir wollen dich ehren, dir darbieten, was du alles für uns bereitgestellt hast. Allahu Akbar!“ Sie gehen zurück auf ihren Platz.
Die Intellektuellen stehen auf, gehen zum Ball, knien sich nieder und singen: „Allah, danke für das Wissen, das du uns gibst. Allah, danke für alles Wissen, das du uns je gegeben hast. Wir werden das Wissen der Religionsgesetze, deines Gesetzes, offenbaren! Allahu Akbar!“ Die Intellektuellen gehen zurück auf ihren Platz.
Die Rohstoffe stehen auf, gehen zu dem Ball, knien sich nieder und singen: „Allah, du hast uns gemacht. Danke, wir dienen dir, Allahu Akbar!“ Die Rohstoffe stehen auf, springen mit gespreizten Beinen über den Ball und gehen wieder auf ihren Platz.
Die Ausbildungslager stehen auf, gehen zum Ball, knien sich nieder und singen: „Allah, in unseren Schulen werden deine Kämpfer hier auf Erden geschult. Wir werden ihnen beibringen, was sie zu wissen haben, und werden sie im Kampf gegen die Ungläubigen schulen!“ Sie stehen auf und gehen zurück zu ihrem Platz.
Die Dschihads stehen auf, knien sich vor den Ball nieder und singen: „Allah, ich opfere mich für dich. Ich opfere alle meine Taten, alle meine Gedanken, mein ganzes Leben. Dir.
Sage mir, was ich tun soll und ich werde den Auftrag ausführen. Ich werde auf meinen Auftrag warten und dann bereit sein zu vollführen, was du mir gebietest. Allahu Akbar!“

Die Spieler stehen auf und umringen den Ball. Sie halten sich an den Händen und singen: „Allahhhhhhhhhhhhhhhhhhhhhhhhhhhhhhhhhhhhhhhhhu Akbar!“ Die Dschihads lösen sich aus dem Kreis, nähern sich dem Ball und stellen sich auf ihn: bummkrachputschpeng! Es knallt – und alle Spieler liegen auf dem Boden.
Die Dschihads haben eine Leuchtrakete, wie man sie oft im Fußballstadion sieht, gelegt, um zu zeigen, wie ernst sie es meinen, wenn der Wille Allahs nicht geschieht.
Der Schiedsrichter kommt schnell zu der Szene gelaufen und pfeift wütend ab.

Ja, klar, er hat Recht. Was soll denn dieses Kasperltheater. „Sind wir hier im Zirkus oder was?“ Der Schiedsrichter nimmt den Ball und gibt ihn dem Auswärtigen Dienst. Dieser lässt sich keine Zeit und spielt den Ball gleich weiter zum Verfassungsgericht. Das Verfassungsgericht hat bis dahin, noch in Gedanken an das pompöse Schauspiel der Fundias, am Boden gelegen. Nun steht es auf und präsentiert sich mit dem Ball seiner Mannschaft:
„Artikel 1: Alle Menschen sind gleich. Gleich sein heißt unabhängig sein von Hautfarbe, Gesichtsform, Schuhgröße, Nasenlänge und anderen Äußerlichkeiten. Unabhängig von Religionszugehörigkeit, Ideologie, Glaube oder Lebensführung. Jede Handlungsweise ist anerkannt. Man handle streng nach dem Grundsatz *Was du nicht willst, dir ein Anderer tut, das tu auch du keinem an.* Unabhängig von allen Lebensformen, egal ob in den Bergen oder am Meer, sind alle Verhaltensweisen legitim, solange sie dem Grundgesetz treu bleiben.
Artikel 2: Alle Menschen haben dieselben Rechte. Solange die Handlungsweise dem Grundsatz entspricht, darf jedes Teammitglied tun, was es möchte. Es gibt keine Einschränkung, egal ob in Institutionen oder in der Öffentlichkeit. Jedes Teammitglied hat das Recht, die Öffentlichkeit zu benutzen, das gilt sowohl für den Raum als auch für Güter. Jeder Mensch hat das Recht, seinen Willen zu verkünden. Er darf dafür nicht diskriminiert werden. Die Gedanken sind frei. So darf der Mensch an Grundgesetzverstöße denken, solange er sie nicht vollführt. Die Selbstkontrolle des Systems wird damit gewährleistet.
Artikel 3: Alle Menschen sind frei. Jeder Mensch hat das Recht, zivilen Ungehorsam zu üben, wenn er nachweisen kann, dass ihm Unrecht, also

eine Grundgesetzverletzung widerfährt. Jeder Mensch hat Recht auf Freiheit. Sie darf ihm nicht genommen werden, außer er verstößt gegen den Grundsatz."

Die Police hatte sich dem Verfassungsgericht genähert. Der letzte Satz war ihr gewidmet worden. Ein System funktioniert nur dann perfekt, wenn es vollkommen ist. Schert jemand aus, muss diese Handlung unterbunden werden. Dafür braucht es Beobachter, die Bewacher des Grundgesetzes. Da ökonomisch gedacht wird, ist es effektiv, Polizei zu beschäftigen. Sie rennt dem gegnerischen Feind hinterher. Sobald er als Gegenspieler identifiziert ist, versucht die Polizei, den Kontrahenten zu verhaften.

Die Police nimmt den Ball dem Verfassungsgericht ab und tänzelt mit ihm zum 16er. „Hier kommt keiner rein. Hier kommt keiner rein. Und wenn du es versuchst, dann nehme ich dir den Ball ab. Und wenn du es versuchst, dann nehme ich dir den Ball ab. Ätschipätsch." Eine Nasenschraube gestikulierend wendet sie sich den anderen Teams zu.

Theatralisch führt die Police dieses Schauspiel einige Augenblicke weiter fort. Bemerkt dann aber den kritischen Blick des Schiedsrichters und spielt den Ball zur Presse.

Die Presse stoppt dankbar den Ball. Mit der Polizei versteht sie sich nicht immer gut. Oft gibt es Auseinandersetzungen. Die Presse möchte nicht preisgeben, welche Methoden sie bei der Recherchearbeit verwendet. Doch dieses Mal geht es um eine gemeinsame Präsentation und es wird an einem Strang gezogen: „Wir schwören, jedem Bürger sein Meinungsrecht zuzugestehen. Über unser Medium darf jede Meinung in den öffentlichen Prozess geworfen werden. Jede Meinung hat das Recht, diskutiert zu werden.

Wir werden die Diskussionsplattform der Menschen dieser Teamregion darstellen. Über uns kann Information abgerufen werden. Wir verpflichten uns zur Ehrlichkeit und Gleichberechtigung. Wir werden dabei helfen, diejenigen zu entlarven, die gegen das Grundgesetz verstoßen. Wir stellen uns in den Dienst der eurasischen Öffentlichkeit. Wir gewährleisten eine Meinungsbildung, die uns helfen soll, ein befriedigendes Ergebnis zu erreichen."

Um ihren festen Willen unter Beweis zu stellen, jongliert auch die Presse den Ball auf den Füßen und spielt ihn erst dann weiter zur Forschung. Die Forschung stoppt den Ball und verkündet: „Wir legen den Grundstein für eine faire Meinungsbildung. Für uns gilt eine Meinung so lange als richtig,

bis sie falsifiziert ist. Man muss eine Meinung erst widerlegen, bevor sie verworfen wird.
Wir verpflichten uns, diesen Meinungsbildungsprozess in allen Forschungsbereichen anzuwenden: sowohl in der Philosophie, in der Geschichte, in der Geographie als auch in der Mathematik, der Physik und der Medizin. Es wird keine Ausnahmen geben. Wir glauben fest an die Evolutionstheorie und den Segen der Hochtechnologie ..."
Die Sozialen Bewegungen kommen angerannt und beschweren sich: „Hey, so geht das aber nicht. Wir glauben an eine gute Welt. Eine Welt, in der es weder soziale noch ökonomische Probleme gibt. Somit kennen wir ein Evolutionsziel. Für uns ist es aber auch offensichtlich, dass manche Meinungen von Beginn an diskriminiert werden. Ein kurzes Beispiel, warum: Die Nazis behaupten, das beste System der Welt wäre eine Vorherrschaft durch die Arier. Diese würde unweigerlich zum Weltglück führen.
Dir, liebe Forschung, wird es nie gelingen, diese These zu widerlegen. Trotzdem sind wir als Soziale Bewegungen davon überzeugt, dass diese These falsch ist. Wenn du mir den Ball gibst, werde ich dir erklären, warum wir Recht haben."
„Hey, Moment mal! Ihr seid genauso stur wie die Nazis. Auch ihr lasst kein anderes Paradies als eures zu. Wer beweist euch denn, dass ihr im Recht seid? Genauso gut kann bei der Nazitheorie das schlechtere Endziel herauskommen. Das sagen wir, ohne Partei zu nehmen, wie es sich für einen Forscher gehört."
„Also so eine Unverschämtheit, unsere Ideologie mit der Nazidoktrin zu vergleichen! Hey, wir glauben ans Gute! Wir glauben an eine gute Welt. Und der wollen wir ein Standbein geben."
„Und wie definiert ihr *gut*? Schon da habt ihr Probleme. Wir wollen ja gar nicht gegen euch kämpfen. Aber ihr sollt verstehen, dass wir mit allen Meinungen vorsichtig sein müssen. So sagt unsere Intuition auch, dass Atomkraftwerke nicht gut für diese Welt sind und trotzdem forschen wir weiter in diese Richtung."
„Und das ist genau euer Fehler. Indem ihr Technologien entwickelt, verhelft ihr bösen Mächten zu Punktgewinnen. Und jetzt bekommt ihr auch eure Definition: Ihr entwickelt Atomtechnologien, damit werden Waffen gebaut, Waffen verstoßen aber gegen das Grundgesetz. Alles, was gegen das Grundgesetz verstößt, ist böse."

„Was wiederum eine vorurteilsbelastete Feststellung ist, denn woher wisst ihr, dass das Grundgesetz gerecht ist?"
Der Auswärtige Dienst kommt angetrabt und mischt sich in die Diskussion ein: „Das Grundgesetz ist von den hier lebenden Menschen entwickelt und angenommen worden. Es basiert auf dem Willen der Mehrheit. Natürlich gibt es immer Gegenstimmen. Daher haben wir beschlossen, eine Konsensentscheidung herbeizuführen. Über 90 % der Menschen haben für das Grundgesetz gestimmt und so akzeptieren wir es. Und jetzt hört auf mit eurer Lehrstunde des Meinungsdiskurses. Die Zuschauer langweilt das, sie wollen Aktionen sehen."
Die Forschung spielt den Ball zu den Sozialen Bewegungen. Diese spielen den Ball, mehr beleidigt als spielfreudig, ungenau zurück. Der Ball prallt gegen das Knie der Forschung und von dort, eher aus Versehen, zum Auswärtigen Dienst.
Der Auswärtige Dienst nimmt den Ball auf und straft die beiden Streithähne mit bösem Blick. Dann spielt er den Ball zu den Unternehmern. Die Unternehmer stoppen den Ball und wendet sich erneut der immer noch diskutierenden Forschung und den Sozialen Bewegungen zu: „Hallo, ihr beiden, hört doch mal zu! Wir wollen hier vernünftig zusammenleben. Und das geht eben nur, wenn wir alle auf derselben Seite stehen. Da gibt es keine Ausreißer. Schaut mal, liebe Soziale Bewegungen, wir haben alle diesem Konsens zugestimmt und jetzt kommt ihr und wollt ihn umdrehen. Das geht nicht. Wir haben die Entscheidungen damals im Konsens getroffen und gesagt, sie werden bestehen. Also bitte, werdet vernünftig und helft uns, hier ein progressives System aufzubauen. Unsere gute Zusammenarbeit muss der Grundstein für eine vernünftige ökonomische Entwicklung sein. Nur wenn bei uns Frieden und Ruhe herrschen, sind wir in der Lage, vernünftig zu wirtschaften. Dann können wir unsere Investitionen zielgenau ausrichten und dafür sorgen, dass jeder Bürger am Wohlstand unseres Systems teilhat. Wir wollen nicht gegen euch, sondern mit euch agieren. Vor allem brauchen wir da die Zusammenarbeit mit der Notenbank. Hier, Notenbank, nimm den Ball und sag was dazu."
Die Unternehmer spielen den Ball zu der Notenbank: „Auch wir haben unsere Grundsätze, die wir nicht brechen wollen. Unser oberster Grundsatz ist die Inflationsbekämpfung. Die Inflation darf nicht über eine Maximalhöhe steigen. Die Höhe wird von uns in Zusammenarbeit mit der Forschung

festgelegt. Daneben behalten wir uns das Recht vor, in Ausnahmesituationen einen anderen Kurs zu verfolgen. Steigt die Arbeitslosigkeit, könnte es sein, dass wir Zinssätze auch gegen die Inflationsrate erhöhen. Das bedeutet aber nicht", richtet sie sich an die Unternehmer, „dass wir euch Geld drucken, damit ihr besser wirtschaften könnt. Es ist genug Geld in der Teamregion im Umlauf. Mit dem Geld könnt ihr wirtschaften, wie ihr wollt. Doch denkt nicht, dass wir euch Geld geben für anderweitige Investitionen. Auf dem internationalen Markt müsst ihr ohne unsere Hilfe zurechtkommen. Auch du, Auswärtiger Dienst." Die Notenbank wendet sich an den Auswärtigen Dienst: „Wir werden dir kein Geld drucken, mit dem du dubiose Geschäfte machst. Wir werden dir Kredite geben und du darfst damit wirtschaften, ansonsten herrschen aber strikte Definitionen."

Der Auswärtige Dienst und die Unternehmer schlucken die Pille. Es ist klar, dass sie geschenktes Geld von der Notenbank nie ablehnen würden. Doch genauso klar ist, dass sie sich den Regeln des Systems in einem Rechtsstaat unterwerfen müssen. Da gibt es keine Ausnahmen. Außerdem hat man aus der Geschichte gelernt. Früher wurde mit gedrucktem Geld großer Unfug getrieben. Das darf laut Konsensentscheidung nicht mehr vorkommen.

Der Auswärtige Dienst und die Unternehmer nähern sich der Notenbank. Die Notenbank spielt den Ball jeweils kurz an und bekommt ihn wieder zurückgespielt. Nach den Kurzpässen folgt ein Händeklatsch, um sozusagen einen Vertrag zu manifestieren.

Die Gewerkschaften melden sich zu Wort: „Liebe Geldgiganten und Politiker, vergesst bei all eurem Aktionismus nicht, dass ihr für die breite Arbeiterschaft in Eurasien sorgen müsst: guter Arbeitslohn, vernünftige Arbeitsbedingungen und eine geregelte Arbeitszeit. Wenn ihr uns das nicht bietet, sind wir in der Lage, das gesamte eurasische Gesellschaftssystem durch Streiks zu boykottieren. Dann wird nichts mehr funktionieren und alle eure Pläne werden den Bach runtergehen. Also denkt an uns, haltet euch gut mit uns und wir werden euch helfen."

Die Finanzjongleure mischen sich in die Diskussion ein. Bekommen den Ball und klatschen mit der Gewerkschaft und der Notenbank ab. Die Finanzjongleure haben die Aufgabe, den Geldfluss im System zu ermöglichen und durch Außengewinne in anderen Teamregionen das eurasische System zu stärken. Sie versprechen ihr bestmögliches Engagement und spielen den Ball zum eurasischen Spielführer, dem Auswärtigen Dienst.

Der Auswärtige Dienst befindet, dass nun die eurasische Ideologie ausreichend dargestellt ist, und spielt dem Schiedsrichter den Ball zu.

89. Spielminute. Es ist offiziell nur noch eine Minute zu spielen. Den Asiaten werden also drei Minuten Nachspielzeit angeboten und sofort der Ball zugespielt.
Der Parteivorstand erhält den Ball und spricht: „Liebe hochachtungsvolle Mitspieler. Nun sind wir an der Reihe zu zeigen, wie unsere Ideologie tickt. Für diese Aktion habe ich mir etwas Besonderes einfallen lassen!“
An die Stadionzuschauer gewandt, erklärt er: „Wir Asiaten, wir glauben an die Ewigkeit. Jeder Mensch wird vergehen. Jeder Mensch besitzt aber genauso die Möglichkeit, die Ewigkeit zu spüren. Der Mensch kann die Ewigkeit aber nur erleben, wenn er sich ihr öffnet. Daher versuchen wir, in Asia ein System zu schaffen, in dem jeder Mensch für sein Streben nach der Unendlichkeit die bestmögliche Bedingung vorfindet. Aber nun genug philosophiert! Nun wollen wir euch präsentieren, wie das in der Praxis aussieht. Wir wollen euch zeigen, wie wir die althergebrachte Ordnung nachstellen!“
Zu seinen Mitspielern sagt er: „Jeder von uns kommt nun an die Reihe, um seine Sicht von der althergebrachten Ordnung darzustellen. Ich werde den Ball verteilen.“
Der Parteivorstand spaziert mit dem Ball zur Mittellinie und positioniert sich am Mittelkreis. Er spielt den Ball zu den Parteimitgliedern:
„Nun gut, liebes Publikum. Nicht in allen Gebieten Asias geht es uns gut. Vielmehr wird uns die Möglichkeit geboten, zwischen völlig unterschiedlichen Arbeitssituationen zu wählen. Auf den Inseln und an der Küste zum Beispiel herrscht ein harter Arbeitstag. Wir müssen uns dort für unsere Konzerne aufopfern. An Freizeit ist kaum zu denken. Schon die Kinder werden in den Schulen darauf getrimmt, Höchstleistung zu bringen, wenn nötig, mit 14-Stunden-Tagen. Unser Tagesablauf ist einem strikten Plan unterworfen. Man sagt uns nach, wie Roboter zu leben. Dafür aber machen wir gute Arbeit und haben viele Luxusgüter.
In anderen Teilen Asias sieht das anders aus, dort gibt es außer in der Landwirtschaft nicht viel zu tun. Dort wird mehr wert auf Zusammenleben gelegt. Die Leute haben dort viel Zeit nachzudenken und sich mit ihrem Karma zu beschäftigen.

Auf dem Mainland dürfen wir so ziemlich alles tun, was wir wollen, solange wir die althergebrachte Ordnung anerkennen. Diese dürfen wir allerdings nicht missachten. In gewissen Dingen müssen wir uns aus Respekt vor ihr unterordnen, die Ein-Kind-Regel ist so ein Fall. Aber zumindest dürfen wir uns aussuchen, ob wir in den Bergen, am Fluss oder in der Stadt wohnen wollen."

Die Parteimitglieder verbeugen sich und spielen den Ball zurück zum Parteivorstand. Dieser nickt seinen Mitgliedern kurz dankend zu und leitet den Ball weiter zur Loyalität: „Auch bei uns gibt es verschiedene Sichtweisen. Manche denken, Loyalität bedeutet Loyalität gegenüber Arbeitgeber, Staat oder Eltern. Andere wiederum behaupten, Loyalität wäre nur im Bezug auf Ideologie angebracht." Dabei schielt die Loyalität kurz zur Esoterik. „Die einen glauben, dass es nötig sei, dem Staat ihr Leben durch Kamikazeattacken zu schenken. Wieder andere glauben, dass man sich mit seiner Kaste zufrieden geben muss. Das ist so vorgegeben, da darf niemand ausbrechen. Ganz andere sehen nur die althergebrachte Ordnung. Dieser folgen sie nach. Sie versuchen, sie kennenzulernen und sie zu spüren.

Manche von ihnen behaupten, sie seien erleuchtet. Ein paar Gläubige behaupten dazu, nur die Erleuchteten kennen den Sinn der althergebrachten Ordnung und deswegen muss man sich den Erleuchteten gegenüber dankbar erweisen. Die Partei behauptet, sie sei erleuchtet, und so wird hemmungslose Staatsloyalität verlangt."

Die Loyalität spielt den Ball zurück zum Parteivorstand. Dieser stoppt den Ball. Und spielt ihn zum Militär: „Wir sind hochgerüstet. Unsere Wissenschaft hat es uns ermöglicht, die neuesten Waffensysteme zu installieren. Wir können mit jeder Armee auf dieser Welt mithalten. Trotzdem möchten wir unsere militärische Kompetenz nicht nach außen anwenden. Unser Militär haben wir alleine zum Zwecke der Selbstverteidigung aufgebaut. Bedroht eine Macht unseren Spielraum, werden wir reagieren. Wir beschränken uns auf die defensiven Aufgaben. Wir haben uns dafür verantwortlich erklärt, unserer Nachbildung der althergebrachten Ordnung Eingriffe von außen zu ersparen.

Wir wollen nicht nach außen expandieren. Uns genügt es, das Universum nachstellen zu dürfen. Wir wissen, wie unerheblich jetziger weltlicher Besitz ist. Daher beschränken wir uns auf die Selbstkontrolle." Die Reproduktion kommt angetrabt. Schnell spielt das Militär den Ball zum Parteivorstand. Der lässt den Ball direkt weiter zur Reproduktion prallen: „Richtig. Auch wir wollen uns auf die Selbsterhaltung konzentrieren. Ich möchte hier schnell ein Beispiel anführen – das Gesetz, nur ein Kind pro Familie zuzulassen, fußt auf diesem Prinzip. Würden wir nach außen expandieren wollen, hätten wir ein solches Gesetz nie ausgesprochen. Die Restwelt wäre gezwungen gewesen, uns mehr Lebensraum zur Verfügung zu stellen. Doch wir waren vernünftig genug, uns zu zügeln. Trotzdem bleibt die Reproduktion eine Stärke von uns. Unser starkes Wirtschaftswachstum beweist das. Genauso wie die landwirtschaftlichen Wunder, die wir auf sowjetischen Feldern vollbringen. Wir haben ständig neue Ideen, die Probleme lösen. Die Eurasier versuchen, Probleme per Diskussion zu entwirren, wir lösen sie einfach. Das ist das Geheimnis unserer Torgefährlichkeit."

Die Reproduktion spielt den Ball zurück zum Parteivorstand und verneigt sich.

Der Parteivorstand spielt den Ball weiter zu der Wissenschaft. Die Wissenschaft kommt kurz entgegen, verneigt sich und stoppt den Ball. Dann beginnt sie zu sprechen: „Wir waren eine lange Zeit auf Qualität ausgerichtet. Mit halbstarken Thesen haben wir uns nie abgegeben. Wir wollten immer die Ewigkeit hinter den Problemen entdecken. Wir haben keine Ruhe gegeben – bis kein Zweifel mehr bestand, dass eine Falsifizierung unmöglich ist. Haben wir einen Fehler gefunden, waren wir so stark, ihn anzuerkennen. So kommt es, dass wir das Schießpulver schon Hunderte von Jahren vor der Schusswaffe entdeckt haben. Auch haben wir weltlichen Dingen nicht wirklich viel Bedeutung beigemessen. Uns war bewusst: Das alles vergeht. Heute ist das ein bisschen anders.

Unsere massive Bevölkerungszahl hat uns gezwungen, andere Wege zu gehen. Heute müssen wir riesige Massen versorgen. Und leider ist eine Grundversorgung nicht mehr genug. Die Bevölkerung hat in der ausländischen Presse von deren Luxusgütern gelesen. Nun verlangt sie nach eben diesen. Wir wollen helfen, ihr davon zu geben. Denn wenn die Menschen andere Probleme als das Perfektionieren der althergebrachten Ordnung haben, ist es nicht gut. Danke für die Aufmerksamkeit."

Die Wissenschaft verneigt sich vor dem Parteivorstand und spielt den Ball zurück. Dieser stoppt den Ball und spielt den Ball zur Grundindustrie: „Wir wollen ein Vorbild sein. In unserer Teamregion soll das größte soziale Sicherungsnetz existieren, das möglich ist. Jeder Mensch soll gleichen Zu-

gang zu überlebensnotwendigen Ressourcen haben. Grund dafür ist einmal die Gerechtigkeit der althergebrachten Ordnung und zum anderen die Tatsache, dass nur gesunde und satte Menschen produktive Arbeit verrichten. Wir sind dafür zuständig, dass dies gewährleistet ist. Die Lebensmittelqualität beweist das. Studien haben gezeigt, dass die Qualität unseres Gemüses und Obstes auf dieser Welt nur von Israel übertroffen wird.
Doch können unsere Märkte in Sachen Warenangebot problemlos mit den Supermärkten in anderen Teamregionen mithalten. Eventuell wird sich der Grundsicherungsstandard von Zeit zu Zeit verschieben, doch wollen wir in alle Ewigkeit gewährleisten, dass jeder Bürger gleiches Recht auf Leben hat."
Die Grundindustrie spielt den Ball zum Parteivorstand. Dieser lässt ihn direkt zum Massenmarkt prallen. Der Massenmarkt stoppt den Ball und beginnt zu reden: „Eigentlich kann ich nur das wiederholen, was die Grundindustrie gerade schon berichtet hat. Wir wollen jedem Menschen gleichen Zugang für alle Waren schaffen. Wir versuchen, eine möglichst große Palette an Waren anzubieten. Jeder darf sich dann aussuchen, was er benötigt. Wir ermöglichen eine Versorgungsinfrastruktur, die auch in die entlegensten Winkel unseres Reiches die dort erforderlichen Produkte bringt.
Bei der Grundversorgung wird der Umfang durch die Mengenbeschränkung bestimmt, bei anderen Gütern durch den Preis. Damit sind wir in der perfekten Lage, unsere Bevölkerung angepasst zu versorgen. Außerdem dienen wir der Vernetzung der Regionen.
Leute in Südindiana können Pferde aus der Mongolei erwerben, genauso wie die leckere Kokosnuss von Ko Samui nach Tibet transportiert wird. Wir werden uns auch in Zukunft für einen reibungslosen Markt einsetzen und damit den Grundstein für den Genuss der althergebrachten Ordnung zu legen."
Der Parteivorstand bekommt wieder den Ball und spielt ihn auf die Ausdauer. Die Ausdauer stoppt den Ball und spricht: „Wir werden nie aufhören, unserem System treu zu bleiben und für unsere althergebrachte Ordnung zu kämpfen."
Der Parteivorstand bekommt wieder den Ball und spielt ihn zur Esoterik: „Nun, liebe Mitspieler, lieber Zuschauer, liebe gegnerische Mannschaften. Lasst mich ein Schlusswort sprechen: Wir haben einen tollen Kampf erlebt, ein spannendes Spiel. Das Ziel des Spieles war, es zu gewinnen. Der Sieg

war das übergeordnete Ziel. Genauso möchten wir den Sieg über die Unordnung herbeiführen. Wir möchten unser Leben hier auf Erden perfektionieren. Denn ein perfektes Leben ist der Grundstein zur Erleuchtung, der Ewigkeit. Wir sind uns dessen bewusst, dass unser Leben in drei Teile zerfließt: das Gehirn, das Herz und unseren Körper.
Das Gehirn ist für die Lösung von Gedankenspielen vonnöten. Mit ihm kann Wissen aufgenommen, verarbeitet und vermittelt werden. Unser Herz entspricht unseren Gefühlen. Es zeigt den tatsächlichen Stand unseres Gemüts. Unser Herz können wir nicht täuschen. Unser Körper ist unser physikalisches Werkzeug. Es hilft uns zu handeln und zu hantieren. In ihm sind wir auf diese Welt gekommen und aus ihm werden wir später wieder entschwinden, woandershin.
In der Einheit dieser drei Komponenten liegt die Kraft der Schöpfung. Nur bei bester Kombination ist das Ausnutzen der gesamten Kraft möglich. Wir versuchen, diese Kombination sowohl im Mikro- als auch im Makrokosmos zu gewährleisten. Danke!“
Die Esoterik spielt den Ball direkt zu der althergebrachten Ordnung. Diese stoppt den Ball und erklärt kurz: „Danke, dass ihr mir treu seid.“ Und spielt den Ball zum Schiedsrichter. Der Schiedsrichter nimmt den Ball in seine Hände und pfeift ab.

Das Ende

Halt! Was ist denn jetzt los? Wir wissen doch noch gar nicht, wer gewonnen hat. Hm. Ich verstehe das nicht. Ah! Jetzt hellen sich meine düsteren Ahnungen auf. So ein Offizieller bringt ein Mikrofon auf das Spielfeld. Der Schiedsrichter ergreift es und fängt an zu sprechen:
„Wir bitten die Zuschauer zuhause zur Telefonabstimmung. Mit großer Voraussicht haben wir Abertausende Telefone in allen Regionen aufgestellt, die für diesen Zweck benutzt werden sollen. Die Telefonzellenvergabe funktioniert nach dem Menschenschlüssel. Für tausend Menschen gibt es eine Telefonzelle. Jetzt gilt das Kommando *Los*.“

Krchbumbumkkchirkdjwuwjemndnejuernjfcnfjedkdnhekiefrnfeijrfiwejrfwo ejrflewmfla,daö,cmfvneoiruidkcfalmfeakjrfljffmjlwirkdlakdfkjoeejfljajk ...

Hallo, hallo – ja, die zehn Minuten sind vorbei! Hat wohl eine kleine Überbelastung der Telefonleitungen gegeben …
Gerade bekomme ich die Ergebnisse: Fünfter wurde Fundia, vierter Kapilarika, dritter Tribalia, zweiter Eurasien und der Gewinner ist Asia.

Die Publikumsmenge hat den Erfolg ausgemacht und den Sieger gekrönt. Tschüss – und bis zum nächsten Mal.

Lesen Sie mehr bei DeBehr:
Humorvolles und Ernstes aus Politik und Gesellschaft:

Depri, Lust und wahre Liebe
Das Sexualleben
einer ostdeutschen Frau
von Silka von Dennewitz
ISBN: 978-3981275193

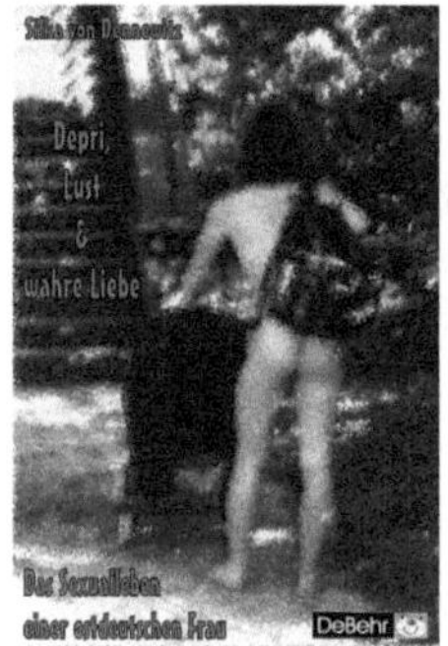

Sie gehört einer statistischen Minderheit an: Eine kinderreiche, glücklich verheirate Akademikerin erzählt von ihrem turbulenten Liebesleben und wie sie sich sonst so durchbeißt.
Die wahrscheinlich erotischste Gesellschaftskritik aller Zeiten!

Komm rein,
es ist noch Platz im Arsch!
Das Jahrhundert der Arschkriecher,
Speichellecker und Wasserträger:
Eine satirische Betrachtung der
gesellschaftlichen Fehlentwicklung
von D. E. R. Stichler
ISBN: 978-3941758186

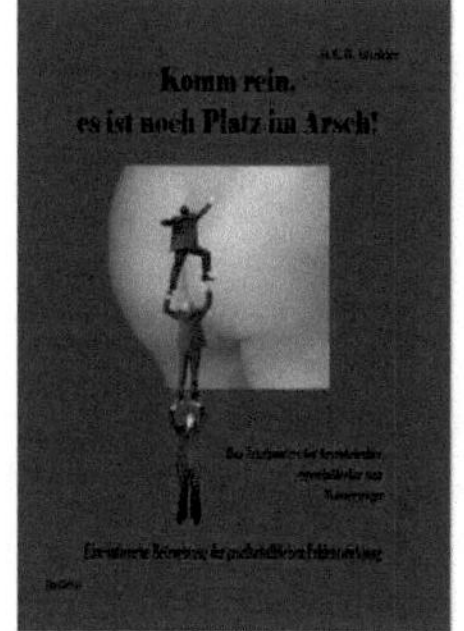

ARSCHKRIECHER - es gab sie zu jeder Zeit und wird sie wohl immer geben. Doch wie oft in unserem Jahrhundert Buckler, Speichellecker, Fahrradfahrer und dergleichen anzutreffen sind, sprengt wohl jeden gesellschaftlich-historischen Rahmen. Das Hauptaugenmerk dieses Buches liegt auf dem Erfolg solcher Zeitgenossen. Und so zeigt D.E.R. Stichler gekonnt auf, wie man ein erfolgreicher Kriecher und Schleimer wird.

Neuerscheinung 2. Quartal 2010:

Mach sie dir alle untertan!

Anleitung zum Ausnutzen
der Mitmenschen anhand
des Fallbeispieles des
Radolfzellers Rolf Nissensen
von D.E.R. Stichler
ISBN: 978-3941758452

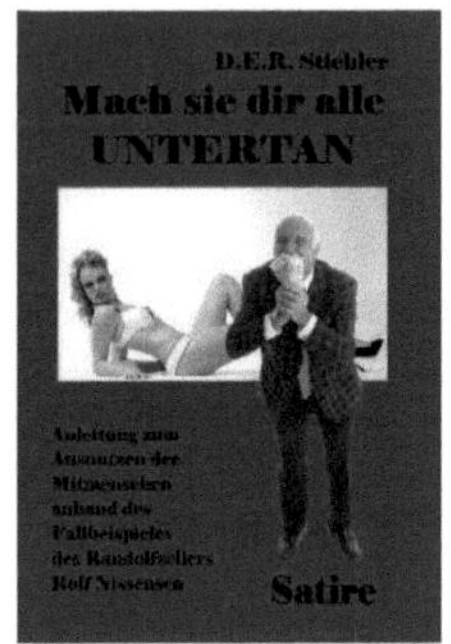

Sie sind erfolglos? Sie möchten mehr vom Kuchen abhaben? Es geht! Auch gewissenlos und schmuddelig kann man gewinnoptimiert durch die Welt kommen. Lesen Sie von den Erfolgen eines Radolfzellers, der die Sonne in seine Brieftasche scheinen ließ und sich als Gauner durchs Leben mogelte. Lernen Sie von dem Helden dieser Geschichte! Auch SIE können andere Menschen zu Ihren Untertanen erklären! Dies ist die Geschichte von Rolf Nissensen, einem Goldjungen aus den 50ern, der in der Provinz im Süden Deutschlands aufgewachsen war. Von den Eltern geliebt, von Moralaposteln gehasst, entwickelte er das perfekte Selbstbewusstsein! Die Frauenwelt küsste ihm die Füße, und er machte ein Vermögen damit. Ständig auf der Überholspur und Spießern stets voraus war er der King, auch ohne Abitur und Studium. Mit einem photographischen Gedächtnis und einem Giganten in der Hose öffneten sich ihm Tor und Tür und er wurde zum Lebemann! Mobbing, Kriecherei und Bevormundung waren ihm immer ein Dorn im Auge, und so kam es, dass er nach der Ausbildung zum Chemielaboranten die Schnauze voll hatte vom Alltagseinerlei. Rolf schmiss die Maloche hin und beschloss, dort zu verweilen, wo ihm die Welt gefiel. Er entschied, selbst zu entscheiden, bevor es der Sensenmann tun würde...

Von einem der auszog das Leben zu leben, ohne unter der Brücke zu nächtigen. D.E.R. Stichler hat nachgelegt! Bissige Satire und zum Schreien komischer Humor hart unter der Gürtellinie verspricht erneut der Autor des Buches "Komm rein, es ist noch Platz im Arsch!". Lesen Sie und lernen Sie von Rolf Nissensen! JEDER kann ein erfolgreicher HALUNKE sein, auch SIE!